99 köstliche Sommertorten

Hanna Renz

99 köstliche Sommertorten

Fotos von Yves Hebinger

Weltbild

Inhalt

Fruchtcreme-torten

Für Kenner und Könner sind die Rezepte auf den folgenden Seiten eine Entdeckung wert. Früchte in allen Variationen in Kombination mit Sahne, Creme & Co. sorgen für strahlende Gesichter an der Kaffeetafel.

Seite 39

Fettarme Torten

Tortengenuss auf die leichte Art ist den weniger fetthaltigen Zutaten in Form von Joghurt, Quark oder Buttermilch zu verdanken. So finden Sie hier Tortenklassiker in köstlich verschlanktem Gewand.

Seite 67

Torten ohne Backen

Überraschungsgäste haben sich angekündigt? Kein Problem. Mit den Torten, die Sie auf den nächsten Seiten finden, verwöhnen Sie ohne Backzeit auch auf die Schnelle aufs Vorzüglichste.

Seite 81

Sommerteilchen

Als kleine, feine Desserts, Mitbringsel für liebe Freunde oder als wohlschmeckende Hingucker für den Nachmittagskaffee oder -tee sind unsere Sommerteilchen gedacht. Nachfassen garantiert erlaubt!

Seite 95

Eistorten

Was gibt es Schöneres an heißen Tagen als den erfrischenden Eisgenuss, der prickelnd und cremig im Mund zergeht. Dabei sind die Eistorten und edlen Parfaits auf diesen Seiten auch optisch ein Hochgenuss.

Festtagstorten

Für Familienfeiern, besonders liebe Gäste und an hohen Feiertagen ist eine prachtvolle Festtagstorte das Tüpfelchen auf dem i. Mit den Prunkstücken in diesem Kapitel gewinnen Sie auch verwöhnteste Tortenfreunde.

WEIZEN
MEHL

Die ganze Welt der Sommerfrüchte

So gelingen köstliche Sommertorten

TIPP

Am aromatischsten schmecken Früchte, die aus der Region stammen, nicht mit Pflanzenschutzmitteln behandelt wurden und natürlich am Baum oder Strauch reifen dürfen, bevor sie geerntet werden.

TIPP

Beim Backen ist neben Zeit und Ruhe auch Genauigkeit gefragt. Achten Sie deshalb bei der Vorbereitung der Teige und der Früchte auf die exakten Zutatenmengen.

Zu köstlichen Sommertorten gehören natürlich als erstes die verschiedenen Früchte, die der Sommer für uns bereithält. Den ganzen Sommer über gibt es ein reichhaltiges Angebot an frisch geerntetem Obst, aus dem sich viele Torten- und Eiscremevarianten zubereiten lassen. Aber auch konservierte Früchte, wie z. B. Pfirsiche, Aprikosen und Mandarinen eignen sich hervorragend für Sommertorten. Auf diese Weise kommen selbst die größten Obstmuffel zu ihren Vitaminen – und ganz bestimmt auf den Geschmack ...

Wählen Sie am besten immer die Früchte, die gerade Saison haben, da sie das beste Aroma besitzen. Ob Erdbeeren, Himbeeren, Waldbeeren oder Kirschen usw., frisch bei uns geerntet, haben sie einen feinen, ausgereiften Geschmack. Außerhalb der Saison legen Früchte oft sehr lange Transportwege zurück, bevor sie bei uns landen. Sie müssen deshalb sehr früh geerntet werden und büßen dadurch enorm an Geschmack ein. Da Beeren in ihrer Grundsubstanz generell empfindlich sind, empfehle ich alternativ, eher zu Tiefkühlware zu greifen.

Wenig Aufwand

Die Torten in diesem Buch können Sie problemlos selbst zubereiten. Etwas Zeit sollten Sie für die Ruhezeiten einrechnen, die die Creme- und Gussmassen benötigen, um fest zu werden. So behalten sie auch dann noch ihre Form, wenn sie als prachtvolle Portionsstücke auf den Tellern prunken. Das Einzige, was die Torten dazu brauchen, ist eine gewisse Kühlzeit. Wenn Sie einmal wenig Zeit haben, können Sie Biskuittortenböden in jedem gut sortierten Supermarkt, aber auch bei Ihrem Bäcker – eventuell auf Bestellung – kaufen. Mit etwas Übung geht ein Biskuitteig wirklich sehr schnell und gelingt in der Regel immer.

Beste Zutaten

Wo etwas Gutes hineinkommt, kommt auch was Gutes heraus. Alle Geräte und alles Können nützen nichts, wenn die Qualität der Zutaten nicht stimmt. Verwenden Sie deshalb immer frische Produkte in bester Qualität. Wichtig ist bei der Verarbeitung auch, dass die Zutaten exakt bemessen sind und die richtige Temperatur haben. Beachten Sie deshalb die entsprechenden Hinweise in den Grunderklärungen und in den Rezepten.

Die Mehle

Für Torten eignen sich fein ausgemahlene Mehle am besten. Sie haben gute Backeigenschaften und sind im Geschmack feiner und neutraler als dunkle oder Vollkornmehle. Zu den feinen Mehlen gehören die Weizenmehle der Type 405 und 550 oder das Dinkelmehl, Type 630. Wer es lieber vollwertig mag, kann natürlich auch dunklere Mehle verwenden.

Die Eier

Mit Eiern kann man einen Teig sowohl auflockern (z. B. Biskuit) als auch festi-

Mithilfe eines Spritz- oder Dressierbeutels und unterschiedlichen Aufsätzen verleihen Sie Ihrer Torte den letzten Schliff. Üben Sie zunächst auf einem Teller unterschiedliche Muster.

gen. Sie sind leicht verdaulich und besitzen einen hohen Gehalt an Mineralstoffen, Eiweiß und Fett. Beim Zubereiten von Torten und Desserts sollten die Eier immer ganz frisch sein. Vor allem bei der Verwendung von rohen Eiern sind beim Verarbeiten hygienische Regeln zu beachten:

1. Die Eier immer frisch aufschlagen.
2. Bei Bedarf Eigelb und Eiweiß trennen.
3. Eierschalen sofort wegwerfen.

Das althergebrachte und oft aus Sparsamkeit übliche Ausstreifen des in der Schale übrigen Eiweißes sollten Sie möglichst unterlassen. Sonst könnten an der Schale haftende Keime in den Teig geraten! Aus diesem Grund ist es ratsam, unmittelbar nach dem Arbeiten mit den Eiern gründlich die Hände zu waschen, bevor man nach dem Rezept weiterarbeitet. Die Mengenangaben des in den Rezepten verarbeiteten Eies beziehen sich immer auf die Handelsgöße »M«. Ich selbst verwende für meine Torten fast ausschließlich Bio-Eier von freilaufenden, artgerecht gehaltenen Hühnern und Eier vom Bauernhof.

Die Speisestärke

Die Speisestärke verfeinert das Gebäck und wird auch zum Binden von Cremes verwendet. Speisestärke ist z. B. auch in Sahnesteif enthalten. Sie wird meist aus Kartoffeln oder Mais hergestellt.

Die Backtriebmittel Backpulver und Natron

Damit das Gebäck besonders schön locker wird, gibt man häufig Backpulver oder Natron zum Mehl. Teige, die Backpulver oder Natron enthalten, müssen allerdings zügig verarbeitet und gebacken werden, sonst geht der Teig anschließend nicht mehr auf und wird zu fest.

TIPP

Um Mehl und Backpulver zu mischen, brauchen Sie keine extra Schüssel. Sieben Sie beides zusammen, so erhalten Sie eine optimale Mischung.

TIPP

Messen und Wiegen sind beim Backen entscheidend. Anders als beim Kochen lassen sich kleine Malheurs nicht ohne Weiteres rückgängig machen.

TIPP

Lesen Sie vor dem Backen immer genau das Rezept durch. So wissen Sie, wie viel Zeit Sie für Ihre Torte einplanen müssen und wann Sie sie servieren können. Das betrifft insbesondere Ruhe- und Kühlzeiten.

Die Fette

Bei feinem Gebäck verwendet man am besten immer Butter, denn mit keinem anderen Fett wird ein Teig so schön mürbe. Ist Ihnen die Butter jedoch zu teuer, können Sie ersatzweise auch Margarine verwenden.

Unentbehrlich: Zucker

Zucker und andere Süßungsmittel werden für alle süßen Gebäcke benötigt. Häufig wird ausschließlich weißer Zucker verwendet. Sie können aber genauso gut zu Rohrzucker greifen. Dadurch kommen Sie in den Genuss zusätzlicher Vitamine und Spurenelemente. Da er stärker süßt, können Sie die Zuckermenge um etwa 20 Prozent reduzieren. In meinen Rezepten achte ich generell bewusst auf ein vernünftiges Maß an Zucker.

Vanillezucker fürs Aroma

Wird Vanillezucker häufiger benötigt, lohnt es sich durchaus, ihn einmal selbst herzustellen. Dazu genügt es, in ein Schraubglas Zucker und eine ausgekratzte Vanilleschote zu geben. Lassen Sie die Mischung einige Tage stehen, entfernen danach die Vanilleschote – und Sie haben einen feinen, aromatischen Vanillezucker.

Gelatine für perfekte Cremes

Gelatine ist ein bewährtes Bindemittel für Cremes oder Fruchtsoßen, das in Pulverform oder als Blattgelatine erhältlich ist. Der Erfolg bei der Zubereitung hängt von wenigen Kleinigkeiten und etwas Sorgfalt bei der Zubereitung ab. Beachten Sie dazu meine Tipps auf Seite 14. Aus meiner Erfahrung weiß ich, dass es auch bei Gelatine große Qualitätsunterschiede gibt. Darum empfehle ich auch hier, auf Markenprodukte zu achten.

Milchprodukte für feine Beläge und Cremes

Milch und Milchprodukte gehören wohl zu den vielfältigsten Backzutaten. Aus Buttermilch, Frischkäse, Joghurt, Quark und Sahne lassen sich feine und erfrischende, leichte und gehaltvolle Creme- und Eiscremetorten zubereiten. Wichtig ist auch hier: Frische und Qualität.

Salz für eine gute Konsistenz

Auch wenn es hier in erster Linie um süße Gebäcke geht, kann auf Salz nicht verzichtet werden. Für bestimmte Vorgänge, wenn auch nur in sehr geringen Mengen, benötigen Sie das Salz um eine ideale Beschaffenheit von Teig- oder Eischneemassen zu erreichen.

Nüsse: gesund und gehaltvoll

Nüsse eignen sich hervorragend für verschiedenste Verzierungen und fein abgestimmte Geschmacksnuancen. Sie sind in vielen geschmackvollen Sorten erhältlich. Dazu werden sie gemahlen, gerieben, gehackt, gestiftelt oder in Blättchen geschnitten im Supermarkt oder im Feinkostgeschäft angeboten. Um den Nussgeschmack zu verstärken, werden die Kerne ganz oder gehackt gerne in einer beschichteten Pfanne leicht angeröstet. Wer auf ein besonders frisches Aroma Wert legt, kann frisch geknackte Nüsse verwenden.

Alkohol

Die in den Rezepten angegebenen Spirituosen führen zu spannenden und genussreichen Geschmacksvariationen. Bei der Zubereitung von Torten für Kinder können Sie die alkoholischen Zutaten in aller Regel durch Wasser oder Saft austauschen.

Tipps und Tricks für die Teigherstellung

Der Biskuitteig

Folgende Grundregeln sollten Sie bei der Zubereitung von Biskuit beachten:
1. Alle Schüsseln und Geräte müssen gut gespült und absolut fettfrei sein.
2. Nur frische Eier und gesiebte mehlige Zutaten verwenden.
3. Hohe Backtemperatur und kurze Backdauer für Biskuitrollen und -schnitten. Mittlere Backtemperatur und -dauer für hohe Tortenböden.

- Die Eier müssen für einen Biskuit nicht unbedingt getrennt werden. Wichtig ist dabei, das Ei gründlich schaumig zu rühren (mit dem Handrührgerät, hohe Stufe): Vor der Zuckerzugabe sollten Sie die Eier 3 bis 5 Minuten und nach der Zuckerzugabe nochmals 3 bis 5 Minuten rühren.
- Mehl, Stärke, Backpulver und eventuell Kakaopulver mischen und sieben. Dann nur unterheben.
- Den Teig zügig in die Backform oder auf das Backblech geben und gleich backen. Den fertigen Biskuit aus dem Ofen nehmen und mit dem Messer am Rand entlang der Form abtrennen. Die Form ist dann leicht zu entfernen. Biskuitplatten mit dem Messer vom Blechrand lösen. Da sie vorzugsweise auf Backpapier oder Dauerbackfolie gebacken werden, ist das Ablösen sehr einfach.

Der Rührteig

Für den Rührteig ist die Zimmertemperatur der Zutaten wichtig. Für die Zubereitung eines zarten Gebäcks und eine gute Mischung der Zutaten ist es wichtig, die Butter schaumig zu rühren.

Der Mürbeteig

Im Gegensatz zum Rührteig muss die Butter beim Mürbeteig gut gekühlt sein. Der Teig darf auch nicht lange geknetet werden und wird vor dem Weiterverarbeiten in Folie ein bis zwei Stunden gekühlt. Beim Kneten empfiehlt es sich, den Teig mit einem großen Messer – immer von außen zur Mehlmitte hin – zu verarbeiten.

Baiser- und Makronenmasse

Bei der Zubereitung dürfen weder die Baiser- noch die Makronenmasse mit Fett in Berührung kommen. Das Eiweiß darf keine Spuren von Eigelb beinhalten. Ein Spritzer Zitronensaft oder eine Prise Salz helfen beim Stabilisieren des Eischnees.

Backen und Backdauer

Heizen Sie den Backofen generell vor. Tortenböden werden immer in der Ofenmitte gebacken. Führen Sie nach Ablauf der Backzeit die Holzstäbchenprobe durch, um festzustellen, ob das Gebäck bereits durchgebacken ist. Biskuits und Backpulverteige nehmen es übel, wenn die Backofentür zu früh geöffnet wird. Führen Sie deshalb erst kurz vor Ablauf der Backzeit eine erste Probe durch.

TIPP

Bei den angegebenen Backtemperaturen handelt es sich immer nur um Richtwerte. Denn jeder Backofen heizt anders. Halten Sie sich deshalb auch an die Angaben in der Gebrauchsanleitung Ihres Ofens.

TIPP

Zum Einfetten der Formen nehmen Sie am besten Butter oder Margarine. Wickeln Sie ein kleines Stück in Einwickelpapier und reiben Sie damit die Form ein.

Perfekte Cremes anrühren

TIPP

Springbackformen gibt es in verschiedenen Größen, mit 16 bis 28 Zentimeter Durchmesser. Bei den Sommertorten werden, sofern nicht anders angegeben, Backformen mit 24 bis 26 Zentimeter Durchmesser verwendet.

Eine optimale Konsistenz und Stabilität der Cremes erhalten Sie durch die Verwendung von Bindezusätzen, wie Gelatine, Puddingpulver, Tortengusspulver oder Speisestärke (z. B. Sahnesteif). Danach sollten sie mehrere Stunden kalt gestellt werden (ansonsten zerläuft die Masse beim Entfernen des Backrahmens oder kippt spätestens beim Aufteilen in Portionsstücke von der Schaufel). Beachten Sie hierzu die richtige Verarbeitung der Gelatine.

Gelatine verarbeiten: So wird's gemacht

Einmal in der Creme verklumpte Gelatine lässt sich nicht mehr auflösen. Deshalb sollten Sie folgende Grundregeln unbedingt beachten:

1. Gelatineblätter nicht in einem Stapel ins Wasser legen, sondern die Blätter nacheinander ins Wasser geben, damit dieses zwischen die Blätterschichten gelangt.
2. Die Gelatine benötigt etwa 5 bis 10 Minuten zum Quellen. Vorher sollte sie auf keinen Fall weiterverarbeitet werden.
3. Gelatine darf nicht kochen. Deshalb wird sie im Topf bei geringer Hitze aufgelöst oder direkt in eine heiße Flüssigkeit bzw. Masse gerührt. Am besten verwenden Sie für diese Arbeiten einen Quirl.
4. Wird Gelatine heiß aufgelöst, muss sie vor der Zugabe mit 3 bis 5 Esslöffeln der Creme oder der zu bindenden Masse »verdünnt« werden. Sie darf dann unter Rühren zügig, aber nicht auf einmal der Masse bzw. Creme zugegeben werden. Ansonsten kommt es sehr schnell zur Klümpchenbildung.

Ist es Ihnen doch mal passiert, dass sich die Gelatine verklumpt hat, gibt es nur noch eine Soforthilfe:
Die Masse sofort durch ein Sieb streichen und nochmals die Hälfte der angegebenen Gelatinemenge vorbereiten und dazugeben.

TIPP

Zum Aufschlagen von Cremes benötigen Sie einen Schneebesen. Am besten besorgen Sie sich mehrere in unterschiedlichen Größen, für kleinere und größere Mengen.

Sahnesteif

Besonders in der warmen Jahreszeit ist es zu empfehlen, der Schlagsahne einen Festigerzusatz beizugeben. So bleibt sie fest und hält auch höhere Außentemperaturen aus.

Quark

Quark ist ein sehr bekömmliches Milchprodukt. Es gibt ihn in verschiedenen Abstufungen des Fettgehalts. Sie sollten ihn bei der Verarbeitung nicht zu stark verrühren, da er sonst an Festigkeit verliert und der Teig oder die Creme flüssig wird.

Joghurt

Joghurt ist eine sehr beliebte, leichte Zutat für eine Vielzahl sommerlicher Gerichte und Süßspeisen. Am besten schmeckt der 3,5-prozentige Joghurt in den Cremes. Genauso gut eignen sich aber auch der Vollmilch- und der leichte Joghurt. Sie können die verschiedenen Sorten in den Rezepten problemlos gegeneinander austauschen. Aus dem gleichen Grund wie beim Quark, sollten Sie Joghurt jedoch nicht zu stark rühren.

Tipps zum Vor- und Zubereiten der Früchte

Häuten

Kernobst, wie Aprikosen, Pfirsiche, Nektarinen usw. werden in der Regel vor dem weiteren Verarbeiten gehäutet. Dazu tauchen Sie die Früchte mit einem Schaumlöffel kurz (1 bis 2 Minuten) in kochendes Wasser und ziehen die Haut anschließend mit einem spitzen Messer ab.

Entsteinen oder Putzen

Kirschen sind mit Stein natürlich praller und länger haltbar. Dennoch ziehe ich es vor, wenn auf Torten nur entsteinte Kirschen verwendet werden. Zum Entsteinen gibt es im Fachhandel besondere Kirschentsteiner. Wenn Sie diesen verwenden, muss die Frucht nicht aufgeschnitten werden und bleibt nach dem Entsteinen attraktiv. Das größere Steinobst halbiere ich zuerst, dann entferne ich den Stein.
Zum Putzen von Obst gehört das Abreiben von Verschmutzungen, Waschen und Abtrocknen, das Entfernen von weichen und unbrauchbaren Stellen sowie Stielen und Blütenansätzen. Schalen, die nicht verwertbar sind, werden ebenfalls mit einem scharfen Messer entfernt.

Vorsicht mit Beeren

Beeren sind sehr empfindlich und benötigen eine besondere Umsicht beim Waschen und Verarbeiten. Ich gebe sie immer vorsichtig in ein Sieb und brause sie unter fließendem Wasser ab. Dann lasse ich sie einfach abtropfen. Wenn Sie möchten, können Sie die Früchte dazu auf ein Küchenpapier legen. Himbeeren, die bereits entstielt sind, sollten nicht mehr gewaschen werden.

Zitrusfrüchte filieren

In manchen Rezepten sind in der Zutatenliste Zitrusfrüchte angegeben, die vor der Weiterverarbeitung filiert werden sollten. Dazu waschen Sie die Orange, Grapefruit oder Zitrone heiß ab und schälen sie dann mit einem scharfen Messer. Anschließend entfernen Sie auch sorgfältig die zähe weiße Haut unter der Schale. Sie stört beim Essen und hat zudem ein bitteres Aroma. Nun sind die einzelnen Fruchtsegmente an der Oberfläche offen. Trennen Sie jetzt jedes einzelne Filet mit einem Messer heraus und legen es beiseite. Arbeiten Sie am besten über einem Teller, um den Saft aufzufangen.

Exotische Früchte

Ob eine Ananas reif ist, erkennen Sie am Duft und daran, dass das Fruchtfleisch auf Druck elastisch nachgibt. Dann muss die Frucht jedoch rasch verbraucht werden. Ananas bereiten Sie folgendermaßen vor: Sie schneiden den Schopf ab und teilen die Frucht längs in Viertel. Dann schneiden Sie den harten Strunk in der Mitte heraus. Mit einem Sägemesser entfernen Sie die harte Schale.
Kiwis sind ebenfalls reif, wenn sie bei leichtem Daumendruck nachgeben. Zum Nachreifen können Sie sie bei Zimmertemperatur aufbewahren.
Die Schale entfernen Sie mit einem scharfen Messer. Danach wird die Frucht in Scheiben geschnitten.
Verwenden Sie immer nur gut ausgereifte, tadellose Früchte. Ganz allgemein sollte das Obst immer in mundgerechte Stücke in Form von Scheiben oder Stiften geschnitten werden. Achten Sie beim Mischen auch immer auf die Ausgewogenheit zwischen süßen und säuerlichen Früchten.

TIPP

Erdbeeren gewinnen durch die Zugabe von etwas Säure noch mehr an Aroma. Mit etwas Zitronen- oder Orangensaft werden die süßen Früchtchen noch köstlicher.

TIPP

Johannisbeeren werden vor der Zubereitung kurz portionsweise abgebraust. Danach trennen Sie die empfindlichen Beeren am besten mit einer Gabel von den dünnen Stielen.

Fertigstellen und Servieren der Torten

TIPP

Wenn sich der Boden nach dem Abkühlen nicht aus der Form lösen will, hilft ein Trick: Legen Sie ein feuchtes Küchentuch kurz um die Form und probieren Sie es dann noch einmal. Der Boden darf auf keinen Fall ganz kalt sein, da er sonst noch fester an der Form haftet.

TIPP

Fertigen Biskuitboden immer auf ein Kuchengitter zum Abkühlen legen. Sonst beginnt der Tortenboden zu schwitzen und lässt sich nicht mehr vom Untergrund lösen.

Bei den verschiedenen Rezepten werden entweder nur einfache Böden oder mehrere Gebäckschichten auf einmal gebacken. Sind Gebäcke in zwei oder mehrere Schichten aufzuschneiden, verwenden Sie am besten ein großes scharfes Messer mit Wellenschliff. Sie können aber auch nur den Gebäckrand ringsum mit einem Messer einschneiden, dann eine Schlinge aus dünnem, sauberem Draht oder einem starken Faden umlegen und festziehen, bis die Lage glatt durchgeschnitten ist.
Decken Sie Cremes und Sahne oder fertige Torten ab, bevor Sie sie kalt stellen. Denn milch- und fetthaltige Produkte nehmen sehr schnell fremde Gerüche an und schmecken dann nicht mehr. Durch das Kühlen werden die Cremes fest. So können Sie die Torten auch durchaus 1 bis 2 Tage aufbewahren, wenn noch etwas übrig geblieben ist. Sollte es jedoch sehr heiß oder gewittrig sein, kann es trotzdem sein, dass sie trotz Kühlung nicht halten. Vor allem Beeren sind sehr empfindlich und schimmeln schnell.

Schöne Sahneüberzüge und -verzierungen

Sahneüberzüge lassen sich einfach mit einer Palette oder einem großen Messer auftragen und glätten. Für Sahneverzierungen verwenden Sie am besten einen Spritzbeutel. Es gibt auch unterschiedliche, sehr schöne Spritztüllen in vielen verschiedenen Formen.

Im Fachhandel gibt es ein reichhaltiges Angebot an fertigen Verzierungs- und Dekoartikeln für Torten und Gebäck: Dazu gehören verschiedene Kleingebäcke, Schoko- und Zuckerartikel. Schauen Sie auch einmal ins Internet, besonders, wenn Sie etwas Ausgefallenes suchen (siehe »Ausgefallene Verzierungen«). Sie können aber auch selbst sehr dekorative, witzige, festliche oder auch ganz einfache Verzierungen herstellen:

Schokodekorationen

Schmelzen Sie Schokolade oder Kuvertüre im Wasserbad und spritzen Sie sie z. B. mithilfe eines Gefrierbeutels mit kleinem Loch (Ecke knapp abschneiden) Ornamente, Muster oder Gitter auf ein Backpapier oder Frischhaltefolie. Lassen Sie die Schokolade abkühlen und lösen Sie sie vorsichtig mit einem Messer vom Backpapier ab.

Karamell

Zucker in einer beschichteten Pfanne bei mittlerer Hitze ohne Zugabe von Fett unter ständigem Rühren vorsichtig erhitzen. Sobald er sich verflüssigt und leicht goldbraun wird, die Pfanne sofort vom Herd nehmen. Den flüssigen Zucker mit einem Löffel in dünnen Fäden auf ein Backpapier laufen lassen und dabei Ornamente oder Gitter ziehen. Abkühlen lassen und mit einem Messer vorsichtig ablösen.

Den letzten Schliff geben

1. Die Torte mit einem dünnen Messer vom Tortenring oder Backrahmen

lösen, bevor Sie den Ring bzw. Rahmen entfernen.
2. Anschließend die vorgesehenen Überzüge (mit Sahne oder Creme) mit einer Palette oder einem großen Messer auf die Torte geben und glatt streichen oder entsprechend vorgesehene Tortengüsse aufbringen.
3. Sahneverzierungen mit dem Spritzbeutel und passenden Tüllen vorsichtig aufspritzen.
4. Die Torte oder den Tortenrand können Sie mit Mandelblättchen, Schokostreuseln etc. bestreuen, je nach Beschreibung im Rezept. Auch Blüten und Zuckerperlen machen sich gut.
5. Das Aufschneiden von Buttercreme-, Sahne- oder Eistorten gelingt am besten mit einem Messer, das zuvor in heißes Wasser getaucht wird.

Ausgefallene Verzierungen

Über das Internet können Sie eine unglaubliche Vielzahl an fertigen Verzierungs- und Dekoprodukten für Torten beziehen. Selbst für besondere Anlässe, wie Hochzeiten oder andere Feiern. Schauen Sie selbst unter www.backfun.de
Nun wünsche ich Ihnen gutes Gelingen bei der unglaublichen Vielfalt an köstlichen Sommertorten.

TIPP

Durch die passenden Verzierungen werden Ihre Torten zu echten Paradestücken. Wenn Sie mit einem Spritzbeutel arbeiten, üben Sie vorher am besten auf einem Teller. So gelingt Ihre Dekoration bestimmt!

Saisonkalender für Inland-Obst und Wildfrüchte

Frucht	**Reifezeit**
Aprikosen	Juni–August
Birnen	August–Oktober
Brombeeren	Juli–September
Erdbeeren	Mai–Juli
Heidelbeeren	Juni–August
Himbeeren	Juni–September
Holunder	August–September
Johannisbeeren, rot	Juni–August
Johannisbeeren, schwarz	Juli
Kirschen, süß	Juni–August
Kirschen, sauer	Juni–August
Mirabellen	August–September
Pfirsiche	Juli–Oktober
Pflaumen	Juli–September
Preiselbeeren	Juli–Oktober
Renekloden	Juli–August
Sanddorn	August–Oktober
Stachelbeeren	Juni–Juli
Waldbeeren	Juni–September
Zwetschgen	August–September

Fruchttorten

Schokoladen-Beerentorte

TIPP

Hübsch sieht eine Dekoration mit rotem Tortenguss aus. Dazu bereiten Sie einen Guss nach Packungsanleitung zu und ziehen diesen mit Hilfe eines Löffels im Fadenmuster über die Torte.

TIPP

Tortenguss ist ein praktisches Fertigprodukt. Er lässt Flüssigkeiten gelieren und bildet so den idealen Überzug für frische Obstkuchen. Die Anwendung ist auf der Packung genau beschrieben.

Für den Biskuitboden: 125 g Kuvertüre, halbbitter • 125 g zerlassene Butter oder Margarine • 5 Eier • 175 g Zucker
1 Päckchen Vanillezucker • 125 g Mehl
125 g Speisestärke • 1 TL Backpulver
Für die Füllung: 600 g gemischte Beeren
500 ml Sahne • 2 Päckchen Sahnesteif
50 g Zucker
Für die Verzierung: Einige Beeren
Einige Blättchen Zitronenmelise
Schokoraspel • Nach Belieben
Tortenguss, rot

1 Den Backofen auf 180 °C (Umluft 160° C, Gas Stufe 3) vorheizen. Den Boden einer Springbackform mit Butter oder Margarine einfetten.

2 Für den Biskuit Kuvertüre raspeln, Butter oder Margarine in einem Topf zerlassen und die Eier trennen. Die Eiweiße steif schlagen. Die Eigelbe in einer Schüssel aufschlagen und mit dem Handrührgerät 3 bis 5 Minuten schaumig rühren. Weiter mixen und nach und nach Zucker und Vanillezucker einrieseln lassen. Alles 3 bis 5 Minuten weiterrühren, bis eine feine Schaummasse entsteht.

3 Flüssige Butter und Kuvertüreraspel unterrühren. Das Mehl, die Speisestärke und das Backpulver mischen, sieben, zur Eischaummasse geben und zügig unterheben. Den Eischnee ebenfalls unterheben. Die Teigmasse in die Backform geben und mit einer Palette oder einem großen Messer glatt streichen. Auf der mittleren Schiebeleiste des Backofens 35 bis 40 Minuten backen. Den Biskuitboden in der Backform etwas abkühlen lassen, dann vorsichtig aus der Form lösen, auf eine Platte legen und mit einem Tortenring fest umschließen.

4 Gefrorene Beeren etwas antauen lassen. Frische Früchte verlesen und waschen. Einige Beeren für die Verzierung beiseite legen. Die Sahne mit dem Sahnesteif und 50 Gramm Zucker sehr steif schlagen. Ein Drittel der Sahne abnehmen und kühl stellen. Die übrigen gemischten Beeren zur restlichen Sahne geben und locker unterheben.

5 Biskuit waagrecht halbieren und den unteren Boden auf eine Tortenplatte setzen. Die Hälfte der Beerensahne aufstreichen und mit dem oberen Boden bedecken. Die Torte mit der hellen Sahne überziehen.

6 Für die Dekoration Schokoraspel am Tortenrand hochziehen. Die Torte locker mit Beeren bedecken und nach Belieben mit rotem Tortenguss und Zitronenmelisse dekorieren. Abgedeckt 4 bis 5 Stunden oder über Nacht kalt stellen.

INFO

Beeren sind reich an sogenannten sekundären Pflanzenstoffen (Flavonoiden). Sie wirken schützend auf unser Immunsystem. Insbesondere reife Himbeeren enthalten neben ihren unverwechselbaren Aromastoffen und den erfrischenden Fruchtsäuren reichlich B-Vitamine und Provitamin A und eine Menge Mineralstoffe.

Torte mit exotischen Sommerfrüchten

TIPP

Nougatmasse benötigt man beim Backen vor allem zum Füllen. Sie erhalten sie fertig zubereitet in der Konditorei oder auch im Backregal im Supermarkt.

TIPP

Marzipanrohmasse ist eine Mischung aus Mandeln, Mandelöl und Zucker. Sie wird industriell hergestellt und lässt sich ganz einfach verarbeiten.

Für den Biskuitboden: 4 Eier
120 g Zucker • Abgeriebene Schale von 1 unbehandelten Zitrone • 100 g Mehl
60 g Speisestärke • 1 TL Backpulver

Für Belag und Verzierung:
100 g Nougat • 1 EL Puderzucker
100 g Marzipanrohmasse
1–2 EL Kirschwasser • 1 Banane • Saft von $^1/_2$ Zitrone • 2 Kiwis • 200 g Ananas
200 g Kirschen • 2 Nektarinen • 1 Sternfrucht • 1 Päckchen Tortenguss
2 EL Zucker • 50 g Mandelblättchen
150 g Aprikosenkonfitüre

1 Den Backofen auf 200 °C (Umluft 180 °C, Gas Stufe 3) vorheizen. Den Boden einer Springbackform mit Butter oder Margarine fetten.

2 Die Eier in einer Schüssel aufschlagen und mit dem Rührgerät 3 bis 5 Minuten schaumig rühren. Dabei den Zucker einrieseln lassen, Zitronenschale und zwei Esslöffel heißes Wasser dazugeben und weitere 3 bis 5 Minuten rühren.

3 Mehl, Speisestärke und Backpulver mischen, sieben, zur Eischaummasse geben und zügig unterheben. Den Teig in die Form geben und glätten. Den Biskuit auf der mittleren Ofenleiste 20 bis 25 Minuten backen. In der Backform abkühlen lassen, vorsichtig herauslösen und auf ein Kuchengitter legen. Den Biskuit zweimal quer durchschneiden. Den ersten Boden auf eine Platte legen.

4 Die Nougatmasse im Wasserbad schmelzen, auf den Biskuit streichen und den zweiten Boden aufsetzen. Puderzucker in ein Gefäß sieben. Marzipan mit einer Gabel zerdrücken und mit Puderzucker, Kirschwasser und 2 Esslöffel Wasser verrühren. Den oberen Biskuit mit der Masse bestreichen und den dritten Boden auflegen. Alles mit einem Tortenring umschließen.

5 Die Banane schälen, in Scheiben schneiden und gleich mit dem Zitronensaft bestreichen. Die Kiwis schälen, in Scheiben schneiden und diese halbieren. Die Ananas schälen, Strunk entfernen und das Fruchtfleisch in Stücke schneiden. Das übrige Obst waschen und abtropfen lassen. Die Kirschen entstielen und entsteinen. Die Nektarinen entkernen und in Würfel schneiden. Die Sternfrucht in Scheiben schneiden. Alle Früchte dekorativ auf der Torte verteilen. Das Tortengusspulver mit dem Zucker mischen und in etwas kaltem Wasser auflösen. Einen Viertelliter Wasser in einem Topf zum Kochen bringen, unter Rühren das aufgelöste Tortengusspulver dazugießen und kurz aufkochen. Den heißen Guss von der Mitte aus über dem Obst verteilen. Die Torte kühl stellen.

6 Vor dem Servieren den Tortenring ablösen. Die Mandelblättchen in einer beschichteten Pfanne ohne Fett goldgelb rösten. Die Konfitüre in einem kleinen Topf bei geringer Hitze erwärmen und damit den Tortenrand bestreichen. Mandelblättchen mit einem Messer hochziehen.

10° anniversario

Erdbeer-Schmetterling →

TIPP

Butter ist neben Margarine das wichtigste Backfett. Ob Sie dabei zu Süß- oder Sauerrahmbutter greifen, ist reine Geschmackssache.

TIPP

Ein größenverstellbarer Tortenring ist bei der Tortenzubereitung unentbehrlich. Im Notfall können Sie auch den Rand einer Springform verwenden.

Für den Teig: 2 Eier • 50 g Zucker
40 g Mehl • 30 g Speisestärke
$^1/_2$ TL Backpulver • Butter oder Margarine zum Fetten
Für den Belag: 500–700 g Erdbeeren
1 Päckchen Sahnepuddingpulver
2 EL Zucker • 200 ml Milch • 50 g Butter
1 Päckchen Tortenguss • 2 EL Puderzucker
Für die Verzierung: 250 g Sahne
2 Päckchen Sahnesteif • 3 EL Puderzucker
1 Schokobanane (→ Seite 118, oder fertige) • 2 Schokostäbchen

1 Den Backofen auf 180 °C (Umluft 160 °C, Gas Stufe 2) vorheizen. Den Boden einer Springbackform mit Butter oder Margarine fetten.

2 Die Eier in einer Schüssel aufschlagen und mit dem Handrührgerät 3 bis 5 Minuten schaumig rühren. Weiter rühren und den Zucker dabei nach und nach einrieseln lassen. Alles weitere 3 bis 5 Minuten zu einer feinen Schaummasse rühren. Das Mehl, die Speisestärke und das Backpulver mischen, sieben, zur Eischaummasse geben und sorgfältig unterheben. Die Teigmasse gleichmäßig in der Backform verteilen und gut glatt streichen. Auf der mittleren Schiebeleiste im Backofen 15 bis 18 Minuten backen und anschließend in der Form abkühlen lassen. Den fertigen Biskuitboden aus der Form nehmen, auf eine Platte legen und mit einem Tortenring fest umschließen.

3 Für den Belag die Erdbeeren in einem Sieb unter fließendem Wasser waschen, gut abtropfen lassen und die Blütenansätze mit einem spitzen Messer entfernen. Das Puddingpulver mit dem Zucker vermischen und in etwas kalter Milch auflösen. Die restliche Milch in einem Topf zum Kochen bringen, das aufgelöste Puddingpulver unter Rühren langsam dazugießen und 2 bis 3 Minuten kochen lassen. Die Butter dazugeben, schmelzen lassen und verrühren. Den heißen Pudding mit einer Palette glatt auf die Biskuitplatte streichen.

4 Die Erdbeeren halbieren, dekorativ auf dem Kuchen verteilen und entstandene Lücken mit geviertelten Erdbeeren ausfüllen. Das Tortengusspulver mit dem Puderzucker mischen und in etwas kaltem Wasser auflösen. Einen Viertelliter Wasser in einem Topf zum Kochen bringen, das aufgelöste Tortengusspulver unter Rühren dazugießen und die Mischung kurz aufkochen lassen. Den Topf vom Herd nehmen und die heiße Gussmasse jetzt von der Mitte aus über die Erdbeeren verteilen. Anschließend abkühlen lassen.

5 Die Schokobanane als Körper des Schmetterlings mittig auf eine große Platte legen. Den Ring vorsichtig von der Torte lösen. Die Torte in zwei Hälften schneiden und diese als Flügel mit jeweils der runden Seite auf beiden Seiten an den Körper legen. Die Sahne mit Sahnesteif und dem Puderzucker steif schlagen. Anschließend die Masse in einen Spritzbeutel mit Sterntülle geben und die Torte dekorativ mit der Sahne verzieren. Die Schokostäbchen vorsichtig in die Banane als Fühler einstecken. Nach Belieben mit Sahne Augen auftupfen.

Fruchtkäsetorte

Für den Teig: 2 Eier • 400 g Quark (40 % Fett) • 200 g Zucker • 1 Päckchen Vanille-Puddingpulver • 200 ml Milch Saft von 1/2 Zitrone
Für den Belag: 2 Kiwis • 3 Pfirsiche 1/2 Ananas • 1 Päckchen Tortenguss 1 TL Zucker • 250 ml Saft oder Wasser

1 Den Backofen auf 180 °C (Umluft 160 °C, Gas Stufe 2) vorheizen. Eine Springbackform fetten.

2 Die Eier trennen. Das Eiweiß steif schlagen. Den Quark mit dem Zucker verrühren. Das Puddingpulver in der Milch auflösen, mit dem Zitronensaft, den Eigelben und dem Quark verrühren. Das Eiweiß unterheben.

3 Die Quarkmasse in die Backform füllen und glatt streichen. Auf der mittleren Schiebeleiste des Backofens 30 bis 40 Minuten backen. Den Kuchen in der Form abkühlen lassen, vorsichtig heraus nehmen, auf eine Platte legen und mit einem Tortenring fest umschließen.

4 Für den Belag die Früchte schälen, Kerne und Strünke entfernen. Die Kiwis in Scheiben, die Pfirsiche und die Ananas in Stücke schneiden. Das Obst dekorativ auf dem Kuchen verteilen. Das Tortengusspulver mit dem Zucker vermischen und in etwas Flüssigkeit auflösen. Die restliche Flüssigkeit in einem Topf zum Kochen bringen, unter Rühren das aufgelöste Tortengusspulver dazugießen und kurz auf kochen lassen. Den Topf vom Herd nehmen und den noch warmen Tortenguss von der Mitte her gleichmäßig über die Früchte verteilen.

TIPP

Da der Quark frisch aus der Packung sehr feucht ist, sollten Sie ihn gründlich in einem Sieb abtropfen lassen. Das Gleiche gilt für Dosenfrüchte. Damit der Tortenboden nicht durchnässt, sollten sie vor der Verwendung ebenfalls gut abtropfen.

Waldbeeren-Milchreis-Torte

Für den Mürbeteigboden: 125 g Mehl
$1/2$ TL Backpulver • 60 g Butter
60 g Zucker • 1 Ei • Butter oder Margarine zum Fetten
Für die Füllung: 500 ml Milch
60 g Zucker • 1 Prise Salz • Schale von $1/2$ unbehandelten Limette • 200 g Milchreis • 3 Blatt weiße Gelatine • 250 g Sahne
200 g Magerquark • 100 g Mascarpone
2 Päckchen Vanillezucker
Für Belag und Verzierung: 400 g Waldbeerenmischung (z. B. Heidelbeeren, Brombeeren, Himbeeren) • 1 Päckchen Tortenguss • 2 EL Zucker • 250 ml Beerensaft (alternativ roter Tortenguss mit etwas Wasser)

1 Das Mehl und das Backpulver mischen, in eine Schüssel oder auf eine Unterlage sieben und in die Mitte eine kleine Mulde drücken. Die kalte Butter in Flöckchen zusammen mit dem Zucker auf dem Mehlrand verteilen. Das Ei aufschlagen und in die Mulde gleiten lassen. Alles zügig zu einem Mürbeteig kneten, in Folie wickeln und etwa 1 Stunde kühl stellen.

2 Den Backofen auf 180 °C (Umluft 160 °C, Gas Stufe 2) vorheizen. Den Boden einer Springbackform mit Butter oder Margarine fetten. Den Teig auf einer leicht bemehlten Unterlage in Bodengröße der Backform ausrollen und in die Springform legen. Sie können den Teig aber auch direkt auf dem gefetteten Backblechboden flach ausrollen. Den Mürbeteigboden auf der mittleren Schiebeleiste des Backofens 15 bis 20 Minuten backen. Die Gebäckplatte anschließend abkühlen lassen, auf eine Platte legen und mit einem Tortenring fest umschließen.

3 Die Milch in einem mittelgroßen Topf zum Kochen bringen. Den Zucker, das Salz, die abgewaschene und getrocknete Limettenschale und den Reis zur Milch geben und kurz durchrühren. Die Hitze stark reduzieren. Den Reis etwa 30 Minuten quellen lassen, dabei ab und zu umrühren, damit er nicht am Topfboden kleben bleibt. Die Gelatine in wenig kaltem Wasser 5 bis 10 Minuten quellen lassen, aus dem Wasser nehmen, etwas ausdrücken und in den warmen Reis einrühren. Den Reis abkühlen lassen.

4 Die Sahne steif schlagen und mit dem Quark, dem Mascarpone und dem Vanillezucker unter den abgekühlten Reis heben. Die Reismasse auf dem Mürbeteigboden verteilen und mit einem Messer glätten. Die Torte abdecken und 30 bis 60 Minuten kalt stellen.

5 Die Beeren in einem Sieb unter fließendem Wasser waschen und abtropfen lassen. Stiele, Strünke, Blätter und schadhafte Früchte entfernen. Die Beeren gleichmäßig auf der Torte verteilen. Das Tortengusspulver mit dem Zucker vermischen und in etwas Beerensaft auflösen. Den restlichen Saft in einem Topf zum Kochen bringen, das aufgelöste Tortengusspulver unter ständigem Rühren dazugießen und nochmals kurz aufkochen lassen. Die heiße Gussmasse von der Mitte her zügig über die Beeren verteilen. Die Torte nochmals abdecken und so lange kühl stellen, bis der Tortenguss erstarrt ist. Vor dem Servieren den Tortenring vorsichtig ablösen und die Torte in Portionsstücke schneiden.

TIPP

Milchreis wird aus Rundkornreis zubereitet, der in Milch gekocht wurde. So wird die im Reis enthaltene Stärke gelöst und dickt die Milch ein. Auf diese Weise wird der Reis sämig und weich, hat aber noch einen leichten Biss.

TIPP

Bei Mascarpone handelt es sich um eine Käsespezialität aus der italienischen Lombardei. Der milde, cremige Frischkäse aus Crème fraîche und Sahne wird entweder mit dem Labferment versetzt oder je nach Sorte mit Buttermilch.

Mangorolle

Für den Teig: 5 Eier • 100 g Zucker
80 g Mehl • 20 g Speisestärke
1 TL Backpulver • 20 g gemahlene Mandeln
Für die Füllung: 1–2 Mangofrüchte (ca. 400 g mit Stein) • 1 EL Limettensaft
3 EL Orangenlikör • 250 g Sahne
2 EL Zucker • 1 Päckchen Sahnesteif
1 Päckchen Vanillezucker
Für die Verzierung: 1/2 unbehandelte Limette • 50 g Sahne

1 Den Backofen auf 220–240 °C (Umluft 190–200 °C, Gas Stufe 4–5) vorheizen. Das Backblech entweder mit Backpapier oder Dauerbackfolie auslegen.

2 Die Eier in einer Schüssel aufschlagen und mit dem Handrührgerät auf höchster Stufe in 3 bis 5 Minuten schaumig rühren. Weiter rühren und dabei den Zucker einrieseln lassen. Dann noch weitere 3 bis 5 Minuten die Ei-Zucker-Mischung zu einer feinen Schaummasse rühren.

3 Das Mehl mit der Speisestärke und dem Backpulver mischen und in eine Schüssel sieben. Das Mehlgemisch zusammen mit den gemahlenen Mandeln zügig unter die lockere Eischaummasse heben. Anschließend die Teigmasse gleichmäßig auf dem Backblech verteilen und mit einer Palette oder einem breiten Messer glätten. Den Biskuit auf der mittleren Schiebeleiste des Backofens 8 bis 10 Minuten backen. Die fertig gebackene Biskuitplatte herausholen und kurz auslüften lassen. Dann mitsamt dem Backpapier oder der Folie aufrollen und zum Abkühlen beiseite stellen.

4 Die Mangos schälen, das Fruchtfleisch in kleine Würfel schneiden, mit Limettensaft und Likör beträufeln. Die Biskuitplatte entrollen.

5 Die Sahne mit dem Zucker, dem Sahnesteif und dem Vanillezucker steif schlagen und auf der Biskuitplatte verteilen. Die Mangostückchen locker darüber verteilen. Die Biskuitplatte vorsichtig wieder aufrollen und die Folie dabei immer ein Stück weit von der Unterseite abziehen. Die fertige Rolle abgedeckt kühl stellen.

6 Für die Verzierung der Mangorolle vor dem Servieren die Limette heiß abwaschen, mit einem Küchentuch trocknen und in Spalten schneiden. Die Sahne steif schlagen, in einen Spritzbeutel mit Rundtülle füllen und Tupfen auf die Rolle spritzen. Rolle mit Limettenspalten verzieren.

VARIANTE

Gelatine 5 bis 10 Minuten quellen lassen. Sahne steif schlagen, mit Quark, Ricotta und Zucker zu einer Creme verrühren. Gelatine ausdrücken und auflösen. 2 bis 3 Esslöffel der Creme unterrühren und unter Rühren zur restlichen Creme geben. Abgedeckt kühl stellen. Die Früchte waschen, Physalis vom Blütenansatz befreien, Mango schälen und das Fleisch vom Kern lösen. Maracuja aufschneiden und das Fruchtfleisch herausschälen. Die Früchte klein schneiden, mit dem Orangenlikör mischen und unter die erstarrende Creme heben. Rolle füllen und 2 bis 3 Stunden kühl stellen.

TIPP

Orangenlikör enthält mindestens 30 Prozent Alkohol. Es gibt verschiedene Sorten, wie Liqueur d'Orange sec oder triple sec. Diese Sorten enthalten 35 Prozent oder mehr Alkohol. Orangenlikör erhält seinen feinherben Geschmack durch Pomeranzenschalen, die zuvor in Cognac, Weingeist oder Armagnac eingelegt wurden.

TIPP

Für die Variante brauchen Sie: 3 Blatt weiße Gelatine, 200 g Sahne, 250 g Quark (20 %) 150 g Ricotta, 2 EL Zucker, 100 g Physalis, 1 kleine Mango, 1 Maracuja, 1 Sharon- oder Kakifrucht, 2 EL Orangenlikör

Stachelbeer-Baiser-Torte

TIPP

Vanille in Stangenform gilt unter Liebhabern als die »Königin der Gewürze«. Das mag unter anderem daran liegen, dass die dunkle Schote nach Safran das zweitteuerste Gewürz ist.

TIPP

Die Reifezeit für Stachelbeeren ist zwischen Juni und August. Die saftigen Beeren mit ihrem typisch säuerlichen Aroma enthalten viel Vitamin C.

Für den Biskuitboden: 50 g Butter • 5 Eier • 120 g Zucker • 100 g Mehl • 40 g Speisestärke • 50 g geschälte und gemahlene Haselnüsse • Butter oder Margarine zum Fetten

Für Belag und Verzierung: 2 EL Puderzucker • 200 g Marzipan-Rohmasse • 3–4 EL Rum • 100 g Haselnussblättchen • 600 g Stachelbeeren • 60 g Zucker • 4 Eiweiße • 160 g Zucker • 1 Päckchen Bourbon-Vanillezucker

1 Den Backofen auf 200 °C (Umluft 180 °C, Gas Stufe 3) vorheizen. Den Boden einer Springbackform mit Butter oder Margarine fetten. Die übrige Butter in einem Topf bei geringer Hitze schmelzen lassen und dann beiseite stellen.

2 Die Eier in einer Schüssel aufschlagen und mit dem Handrührgerät auf höchster Stufe 3 bis 5 Minuten schaumig rühren. Weiter rühren, nach und nach den Zucker einrieseln lassen und weitere 3 bis 5 Minuten zu einer feinen Schaummasse rühren.

3 Das Mehl und die Speisestärke mischen, in eine Schüssel sieben und mit den gemahlenen Haselnüssen vermengen. Die Mehl-Nuss-Mischung zur Eischaummasse geben und zügig unterheben. Die inzwischen etwas abgekühlte Butter unter die Biskuitmasse rühren. Die Teigmasse in die Backform geben und mit einer Palette oder einem breiten Messer glatt streichen. Auf der mittleren Schiebeleiste des Backofens 25 bis 30 Minuten backen. Anschließend den Biskuit in der Backform auskühlen lassen und vorsichtig aus der Backform nehmen.

4 Die Gebäckplatte einmal quer durchschneiden. Den Puderzucker in ein Gefäß sieben. Das Marzipan mit einer Gabel zerdrücken und mit dem Puderzucker, dem Rum und 4 Esslöffeln Wasser verrühren. Die Marzipanmischung mithilfe eines breiten Messers auf einen Biskuitboden streichen. Den zweiten Boden auflegen. Alles auf eine Platte setzen und mit einem Tortenring fest umschließen.

5 Die Haselnussblättchen in einer Pfanne ohne Fett bei mittlerer Hitze goldbraun rösten und für die Verzierung beiseite stellen. Stiele und Blütenansätze der Stachelbeeren entfernen. Die Beeren waschen und in einem Topf mit dem Zucker und 150 Milliliter Wasser kurz aufkochen lassen, dann bei mäßiger Hitze und geschlossenem Topf 8 bis 10 Minuten garen. Die Beeren in einem Sieb abtropfen lassen. Den Backofen auf 240 °C (Umluft 190–200 °C, Gas Stufe 4–5) vorheizen. Das Eiweiß mit dem Zucker und dem Vanillezucker zu einem festen Schnee schlagen. 14 bis 16 Beeren für die Verzierung auswählen. Die restlichen Beeren auf dem Biskuitboden verteilen und dick mit Eischnee bestreichen. Den restlichen Eischnee in einen Spritzbeutel mit Lochtülle geben. Die Torte hübsch verzieren und auf der mittleren Schiebeleiste des Backofens kurz backen, bis sich die Baisermasse leicht bräunt. Die Torte aus dem Backofen nehmen, die beiseite gelegten Stachelbeeren gleichmäßig am Rand aufsetzen und abschließend mit den Haselnussblättchen bestreuen.

Orangentorte

Für den Biskuitboden: 4 Eier
100 g Zucker • 120 g Mehl • 40 g Speisestärke • 1 TL Backpulver • Butter oder Margarine zum Fetten
Für den Belag: 6 Blatt weiße Gelatine
500 g Quark • 2 Eigelb • 150 g Zucker
Saft von 1 Zitrone • 250 g Sahne
600 g geschälte und in Scheiben geschnittene Blutorangen
Für die Verzierung: Gehackte Pistazien

1 Den Backofen auf 200 °C (Umluft 180 °C, Gas Stufe 3) vorheizen. Den Boden einer Springbackform mit Butter oder Margarine ausfetten.

2 Die Eier in einer Schüssel aufschlagen, 4 Esslöffel lauwarmes Wasser dazugeben und mit dem Handrührgerät auf der höchsten Stufe 3 bis 5 Minuten schaumig rühren. Weiter rühren und dabei nach und nach den Zucker einrieseln lassen. Anschließend nochmals 3 bis 5 Minuten fein schaumig rühren.

3 Das Mehl, die Speisestärke und das Backpulver mischen und in eine Schüssel sieben. Die Mehlmischung zur Eischaummasse geben und zügig unterheben. Anschließend die Teigmasse in die Backform geben und mit einer Palette oder einem breiten Messer glatt streichen. Den Biskuitboden auf der mittleren Schiebeleiste des Backofens 25 bis 30 Minuten backen.

4 Den fertigen Tortenboden in der Backform abkühlen lassen. Den Biskuit vorsichtig aus der Backform nehmen und einmal quer durchschneiden.

5 Die Gelatine in etwas kaltem Wasser 5 bis 10 Minuten quellen lassen. In einer Schüssel den Quark, die Eigelbe, den Zucker und den Zitronensaft zu einer dickflüssigen Creme verrühren. Die Gelatine aus dem Wasser nehmen, etwas ausdrücken und in einem Topf bei geringer Hitze auflösen. 4 bis 5 Esslöffel der Creme zur Gelatine geben und sorgfältig verrühren. Dann die Gelatine unter Rühren langsam zur Creme gießen. Die Sahne in einem Gefäß steif schlagen. Sobald die Creme fest zu werden beginnt, die Sahne unter die Creme heben. Ein Drittel der Creme beiseite stellen. Die übrige Creme auf dem Biskuitboden mithilfe einer Palette glatt streichen. Dann die Tortenoberfläche und den Rand der Torte mit der übrigen Creme bestreichen.

6 Die Orangenscheiben von der Mitte her kreisförmig auf der Torte verteilen. Die übrigen Orangenscheiben an den Tortenrand drücken. Lücken auf der Tortenoberfläche mit Orangenfilets auffüllen und nach Belieben mit Pistazien bestreuen. Abgedeckt 4 bis 6 Stunden kalt stellen.

VARIANTE

Anstatt Blutorangen können Sie auch rosafarbene Grapefruits verwenden. Grapefruit entstammt einer Kreuzung zwischen Orange und Pampelmuse. Die Früchte haben einen bittersüßen Geschmack und sind in verschiedenen Sorten erhältlich. Die Pink Grapefruit weist eine stärkere Süße als ihre helleren Verwandten auf.

TIPP

Pistazien werden in den warmen Klimazonen Asiens und im Mittelmeerraum angebaut. Sie enthalten die Spurenelemente Zink und Kupfer, sowie Kalium und Magnesium und außerdem kerngesundes Vitamin B.

Pfirsichtorte

Für den Mürbeteigboden: 100 g Mehl • 30 g Puderzucker • 50 g Butter • $^1/_2$ TL Vanillezucker • 1 Eigelb

Für Belag und Verzierung: 500 g Weinbergpfirsiche • 6 Blatt weiße Gelatine • 4–5 EL Pfirsichlikör oder Weinbrand • 500 g Quark • 125 g Zucker • Saft von 1 Zitrone • 250 g Sahne • 1 EL Zucker • 4 EL Krokantstreusel • 2 EL Preiselbeerkompott

1 Das Mehl und den Puderzucker mischen, in eine Schüssel oder auf eine Unterlage sieben und in die Mitte eine Mulde drücken. Die Butter in Flöckchen und den Vanillezucker auf dem Mehlrand verteilen. Das Eigelb in die Mulde geben. Alles zügig zu einem Mürbeteig kneten, in Folie wickeln und etwa 1 Stunde kühl stellen.

2 Den Backofen auf 180 °C (Umluft 160 °C, Gas Stufe 2) vorheizen. Den Boden einer Springbackform fetten. Den Teig auf einer leicht bemehlten Unterlage in Bodengröße der Backform ausrollen und in die Springform legen oder direkt auf dem gefetteten Backblechboden flach ausrollen. Auf der mittleren Schiebeleiste des Backofens 15 bis 20 Minuten backen. Die Gebäckplatte abkühlen lassen und auf eine Platte legen.

3 In einem Topf Wasser zum Kochen bringen. Die Weinbergpfirsiche mit einer Schaumkelle 1 bis 2 Minuten ins kochende Wasser tauchen und die Schale mit einem spitzen Messer abziehen. Die Früchte halbieren, entkernen, in eine Schüssel geben und mit etwas Likör beträufeln.

4 Die Gelatine in etwas kaltem Wasser 5 bis 10 Minuten quellen lassen. In einer Schüssel den Quark mit dem Zucker, dem Zitronensaft und dem restlichen Likör zu einer Creme verrühren. Die Gelatine aus dem Wasser nehmen, etwas ausdrücken und in einem Topf bei geringer Hitze auflösen. 4 bis 5 Esslöffel Creme zur Gelatine geben und verrühren, dann die Gelatine unter Rühren langsam zur Creme gießen. Die halben Pfirsiche auf die Gebäckplatte legen. Die Creme kuppelförmig über die Fruchtlage streichen. Die Torte abdecken und 4 bis 5 Stunden, besser über Nacht, fest werden lassen.

5 Vor dem Servieren die Sahne mitsamt dem Zucker steif schlagen. 100 Gramm Sahne in einen Spritzbeutel geben. Die Krokantstreusel unter die restliche Sahne heben und diese Krokantsahne über die Torte streichen. Die Torte mit aufgespritzten Sahnerosetten, Krokant und Kompotttupfen verzieren.

INFO

Reife Pfirsiche haben ein hervorragendes und unverwechselbares Aroma. Sie sind ein optimaler Durststiller und dazu noch kalorienarm. Zum direkten Verzehr sollte man die Haut immer mitessen, da sich gerade dort viele der wertvollen Inhaltsstoffe befinden. Für die Verwendung in Torten schmecken sie gehäutet besonders fein. Wer sie jedoch ungeschält verwendet, ist auf der gesünderen Seite, da die Vitamine in der Schale stecken.

TIPP

Krokant wird aus Haselnüssen oder Mandeln und karamellisiertem Zucker hergestellt. Als Streusel gibt es ihn fertig im Handel. Krokant eignet sich hervorragend zur Dekoration von Torten, Eis und anderen Süßspeisen.

TIPP

Der Weinbergpfirsich ist die etwas elegantere Alternative zum handelsüblichen Kulturpfirsich. Von ihm gibt es weiß- und gelbfleischige Sorten. Das Fruchtfleisch ist weniger süß, hat aber ein intensiveres Aroma.

Himbeer-Mango-Torte mit Prosecco

TIPP

In dieser Torte harmonieren die unterschiedlichen feinsüßen Aromen der Mango mit der leichten Säure der Himbeere und der des Proseccos. Durch die im Prosecco enthaltene Kohlensäure wird der Belag besonders luftig.

Für die Biskuitböden: 4 Eier
120 g Rohrzucker • 1 Päckchen Bourbon-Vanillezucker • 100 g Mehl • 40 g Speisestärke • 1 TL Backpulver • Butter oder Margarine zum Fetten

Für den Belag: 9 Blatt weiße Gelatine
750 g Himbeeren • 50 g Zucker
200 g Joghurt • 200 g Sahne • 2 Mangos
1 TL Zucker • 200 ml Prosecco

Für die Verzierung: 200 g Sahne
1 Päckchen Bourbon-Vanillezucker
1 Päckchen Sahnesteif

1 Den Backofen auf 200 °C (Umluft 180 °C, Gas Stufe 3) vorheizen. Den Boden einer Springbackform mit Butter oder Margarine fetten.

2 Die Eier in einer Schüssel aufschlagen und mit dem Handrührgerät in 3 bis 5 Minuten schaumig rühren. Weiter rühren, den Zucker und den Vanillezucker einrieseln lassen und nochmals 3 bis 5 Minuten zu einer feinen Schaummasse rühren.

3 Das Mehl, die Speisestärke und das Backpulver mischen, sieben, zur Eischaummasse geben und zügig unterheben. Die Teigmasse in die Backform geben und glatt streichen. Auf der mittleren Schiebeleiste des Backofens 25 bis 30 Minuten backen. Den fertig gebackenen Biskuitboden in der Backform abkühlen lassen. Den Biskuit vorsichtig mit einem scharfen Messer vom Rand lösen, aus der Backform heben und einmal quer durchschneiden. Eine Gebäcklage auf eine Platte legen und mit einem Tortenring eng umschließen.

4 6 Blätter Gelatine in etwas kaltem Wasser 5 bis 10 Minuten quellen lassen. Himbeeren kurz abspülen und abtropfen lassen. 14 bis 16 Beeren für die Verzierung beiseite legen. 300 Gramm Beeren mit dem Zucker mixen und durch ein feines Sieb streichen. 2 Esslöffel Himbeerpüree für Guss und Verzierung beiseite stellen. Gelatine ausdrücken und in einem Topf bei geringer Hitze auflösen. 4 bis 5 Esslöffel Püree zur Gelatine geben und verrühren. Gelatine langsam unter das Püree rühren. Die Sahne steif schlagen. Beginnt das Püree fest zu werden, Sahne und Joghurt darunterheben.

5 Ein Drittel der Beerenmasse auf dem Biskuitboden verteilen, die restlichen Himbeeren aufsetzen und das zweite Drittel Beerenmasse darüber verteilen. Den zweiten Biskuitboden auflegen und die restliche Beerenmasse auftragen. Mangos schälen und in Scheiben schneiden. 1 bis 2 Mangoscheiben für die Verzierung beiseite legen, die übrigen Scheiben auf der Beerenmasse arrangieren.

6 3 Blätter Gelatine in etwas kaltem Wasser 5 bis 10 Minuten quellen lassen. 1 Esslöffel Himbeerpüree und den Zucker in einem Topf leicht erhitzen. Die Gelatine etwas ausdrücken und in dem Himbeerpüree auflösen. 4 bis 5 Esslöffel Prosecco dazugeben und verrühren. Den restlichen Prosecco darunterrühren. Den Guss über die Mangos verteilen. Abdecken und über Nacht kühl stellen.

TIPP

Anstatt Prosecco können Sie jeden anderen feinherben Schaumwein verwenden, also z. B. auch Sekt oder spanischen Cava.

Fruchtcremetorten

Sauerkirschtorte

TIPP

Dies ist ein relativ einfaches, aber ganz tolles Tortenrezept, das man je nach Saison ebenso mit Rhabarber, Stachelbeeren oder roten Johannisbeeren zubereiten kann.

TIPP

Die auch Weichsel genannte Sauerkirsche ist äußerst gesund und gehört zu den beliebtesten Sommerfrüchten. Sie eignet sich nicht nur für Kuchen und Torten, sondern auch zum Einmachen und Entsaften.

Für den Rührteig: 125 g weiche Butter
125 g Zucker • 1 Päckchen Vanillezucker
5 Eigelb • 150 g Mehl
$^1/_2$ TL Backpulver • Butter oder Margarine zum Fetten
Für die Baiserschicht: 5 Eiweiß
200 g Zucker • 40 g gemahlene Mandeln
Für die Füllung: 700 g Sauerkirschen
2 Päckchen Tortenguss, klar
60 g Puderzucker • 250 ml Sauerkirschsaft
250 g Sahne • 2 Päckchen Vanillezucker • 1 Päckchen Sahnesteif
250 g Mascarpone

1 Den Backofen auf 180 °C (Umluft 160 °C, Gas Stufe 2) vorheizen. Zwei Springbackformen, oder alternativ eine Springbackform und ein Backblech mit Tortenring mit Backpapier auslegen oder mit Butter oder Margarine fetten.

2 Für den ersten Teig die Butter in einer Schüssel schaumig rühren. Weiter rühren und nach und nach den Zucker und den Vanillezucker einrieseln lassen. Dann die Eigelbe dazugeben. Das Mehl mit dem Backpulver mischen, sieben und sorgfältig unter die Buttermasse rühren. Den Teig teilen und je eine Hälfte auf die Böden der Backformen streichen.

3 Für den zweiten Teig die Eiweiße in einer sauberen Schüssel steif schlagen. Weiterrühren und den Zucker löffelweise dazugeben. So lange rühren, bis die Masse steif ist. Auch diesen Teig teilen und direkt auf den ersten Teigboden streichen. Beide Böden mit gemahlenen Mandeln bestreuen. Auf der mittleren Schiebeleiste des Backofens beide Böden nacheinander in 25 bis 30 Minuten backen (bei Umluftbetrieb beide Böden gleichzeitig backen). Anschließend herausnehmen und abkühlen lassen.

4 Die Sauerkirschen vorsichtig waschen und abtropfen lassen, die Stiele und die Kerne entfernen. Das Tortengusspulver mit dem Puderzucker mischen und in etwas Sauerkirschsaft auflösen. Jetzt den restlichen Saft mit den Sauerkirschen in einem Topf zum Kochen bringen. Das aufgelöste Pulver unter Rühren langsam dazugießen und nochmals aufkochen. Vom Herd nehmen und die Masse etwas abkühlen lassen.

5 Die dünnen Gebäckplatten vorsichtig aus den Backformen lösen. Den ersten Boden auf eine Platte legen und mit einem Tortenring fest umschließen. Sobald die Fruchtmasse fest zu werden beginnt, diese auf den Teigboden geben, mithilfe eines Löffels gleichmäßig verteilen und glatt streichen.

6 Die Sahne mit dem Vanillezucker und dem Sahnesteif steif schlagen. Die Zucker-Sahne-Mischung unter den Mascarpone heben, die Masse auf der Sauerkirschlage verteilen und glatt streichen. Den zweiten Boden in 14 bis 16 Stücke einteilen und vorschneiden. Die ganze Platte oder die einzelnen Plattenstücke vorsichtig auf die Sahneschicht legen. Die Torte abgedeckt 4 bis 5 Stunden oder besser über Nacht kühl stellen. Den Tortenring vorsichtig lösen und abnehmen.

Weißweinkuppeltorte

TIPP

Für dieses Rezept benötigen Sie eine Kuppelbackform oder eine Glasschlüssel mit einem Durchmesser von 28 Zentimetern.

TIPP

Schmant ist ein Milchprodukt aus Sahne und wurde ursprünglich nur aus saurer Sahne gewonnen. Er wird durch Gärung der Sahne nach Zugabe von Milchsäurebakterien hergestellt.

Für den Mürbeteigboden: 100 g Mehl
50 g Butter • 50 g Zucker • 1 Prise
Salz • 1 Ei
Für den Rührteigboden: 3 Eier
100 g weiche Butter • 80 g Rohrzucker
125 g gemahlene Haselnüsse
2 TL Backpulver • 2 EL Kakao
Früchte: 900 g Nektarinen
1–2 EL Zitronensaft
Für die erste Füllung: 8 Blatt weiße
Gelatine • 250 ml Pfirsichsaft
250 ml trockener Weißwein
150 g Schmant • 60 g Rohrzucker
Saft von 2 Zitronen • 300 g Sahne
Für die zweite Füllung (Fruchtlage):
1 Päckchen Vanille-Puddingpulver
100 g Zucker • 250 ml trockener Weißwein
Für die Fertigstellung und Verzierung:
2–3 EL Nektarinen- oder Aprikosen-konfitüre • 1 Päckchen Tortenguss, klar
2 EL Zucker • 100 g Sahne

1 Das Mehl in eine Schüssel oder auf eine Unterlage sieben und in die Mitte eine Mulde drücken. Die Butter in Flöckchen, den Zucker und das Salz auf dem Mehlrand verteilen. Das Ei aufschlagen und in die Mulde geben. Alles zügig zu einem Mürbeteig kneten, in Folie wickeln und etwa 1 Stunde kühl lagern.

2 Den Backofen auf 180 ° (Umluft 160 °C, Gas Stufe 2) vorheizen. Den Boden der Springbackform mit Butter oder Margarine fetten. Den Teig auf einer leicht bemehlten Unterlage in Bodengröße der Backform ausrollen und in die Backform legen oder direkt auf dem gefetteten Backblechboden flach ausrollen. Auf der mittleren Schiebeleiste des Backofens 15 bis 20 Minuten backen. Die Gebäckplatte noch einige Minuten in der Form ruhen lassen, herausnehmen und auf ein Kuchengitter legen.

3 Den Backofen wieder auf 180 °C (Umluft 160 °C, Gas Stufe 2) vorheizen. Die Springbackform erneut fetten. Die Eier trennen. Die Butter in einer Schüssel schaumig rühren. Weiter rühren, Zucker und Eigelbe dazugeben. Die gemahlenen Nüsse mit dem Backpulver und dem Kakaopulver vermischen und löffelweise unter die Buttermasse rühren. Das Eiweiß steif schlagen und unter die Teigmasse heben. Die Teigmasse in der Form verteilen und glatt streichen. Auf der mittleren Schiebeleiste des Backofens 25 bis 30 Minuten im noch heißen oder erneut vorgeheizten Backofen backen. Die Rührteigplatte etwas abkühlen lassen, dann aus der Form nehmen und auf ein Kuchengitter legen.

4 Eine Kuppelform möglichst faltenfrei mit Frischhaltefolie auslegen. Die Nektarinen waschen, trocken tupfen, halbieren und die Kerne entfernen. Das Fruchtfleisch von 4 Nektarinen in sehr feine Scheiben schneiden und mit Zitronensaft beträufeln. Die Kuppelform mit den Nektarinenscheiben auslegen. Das restliche Fruchtfleisch in Würfel schneiden.

5 Die Gelatine in etwas kaltem Wasser 5 bis 10 Minuten quellen lassen. In einer Schüssel den Pfirsichsaft mit dem Wein, dem Schmant, dem Zucker und dem Zitronensaft verrühren. Die Gelatine aus dem Wasser

nehmen, etwas ausdrücken und in einem Topf bei geringer Hitze auflösen. 4 bis 5 Esslöffel der Schmantmasse zur Gelatine geben und verrühren, dann die Gelatinemischung unter Rühren langsam zur Schmantmasse geben. Die Sahne steif schlagen. Sobald die Schmantmasse fest zu werden beginnt, die Sahne unterheben. Diese Crememasse in die Kuppelform geben und glatt streichen.

6 Das Puddingpulver mit etwas Zucker vermischen und mit ein wenig Wein auflösen. Die Nektarinenwürfel in einem Topf mit dem restlichen Zucker und dem restlichen Wein zum Kochen bringen, unter Rühren das aufgelöste Puddingpulver dazugeben und 2 bis 3 Minuten kochen lassen. Diese Fruchtmasse ebenfalls in die Kuppelform geben und gleichmäßig verteilen. Die Form abdecken und 4 bis 5 Stunden kalt stellen.

7 Nun den Rührteigboden aufsetzen und mit der Konfitüre bestreichen. Den Mürbeteigboden auflegen, eine Platte aufsetzen, komplett mit der Kuppelform drehen und die Kuppel vorsichtig abnehmen. Das Tortengusspulver mit dem Zucker vermischen und in etwas Wasser auflösen. Einen Viertelliter Wasser in einem Topf zum Kochen bringen, das aufgelöste Tortengusspulver unter ständigem Rühren dazugießen und nochmals kurz aufkochen lassen. Die heiße Gussmasse vom höchsten Punkt aus über die Nektarinen verteilen. Die Torte nochmals kühl stellen. Vor dem Servieren die Sahne steif schlagen, in einen Spritzbeutel geben und den Tortenrand mit Sahne verzieren.

TIPP

Falls Sie keine Spritztüte besitzen, können Sie für die Sahne eine kleine Tüte verwenden, in die Sie ein kleines Loch schneiden.

Birnen-Weißwein-Torte ➔

TIPP

Sollten Sie alternativ Birnen aus der Dose verwenden, lassen Sie diese gut in einem Sieb abtropfen. Reduzieren Sie gegebenenfalls die Zuckermenge, da konservierte Früchte oft gezuckert sind.

TIPP

Besonders geschmackvoll ist die Torte mit eingelegten Birnen. Dazu benötigen Sie: 1 kg Birnen, 350 ml Weißwein, 100 g Rohrzucker, 1 Zimtstange, 2 Gewürznelken, Abrieb von 1/4 Zitrone (unbehandelt)

Für den Biskuitboden: 2 Eier • 50 g Zucker • 1/2 TL Backpulver • 70 g Mehl
Für die Cremefüllung: 2–3 Birnen • Etwas Zimt • 300 ml trockener Weißwein (Riesling) • 100 g Rohrzucker • 9 Blatt weiße Gelatine • 1 Päckchen Vanillezucker • 4 EL Zitronensaft • 600 g Frischkäse • 200 g Joghurt • 100 g Sahne
Für die Verzierung: 50 g Sahne • 1 Päckchen Sahnesteif • 50 g Magerquark • 50 g Trauben

1 Den Backofen auf 200 °C (Umluft 180 °C, Gas Stufe 3) vorheizen. Den Boden einer Springbackform mit Butter oder Margarine fetten.

2 Die Eier in einer Schüssel aufschlagen und mit dem Handrührgerät 3 bis 5 Minuten schaumig rühren. Den Zucker einrieseln lassen und nochmals in 3 bis 5 Minuten zu einer feinen Schaummasse rühren.

3 Das Backpulver mit dem Mehl mischen, sieben, zur Eischaummasse geben und zügig unterheben. Die Biskuitmasse in die Backform geben und glatt streichen. Auf der mittleren Schiebeleiste des Backofens 18 bis 20 Minuten backen. In der Form abkühlen lassen. Den Biskuit vorsichtig aus der Form heben, auf eine Platte legen und mit einem Tortenring fest umschließen.

4 Die Birnen schälen, in Längsstücke schneiden und die Kerngehäuse entfernen. Die Birnenstücke in einem Topf mit etwas Zimt, 100 Milliliter Weißwein und 1 Esslöffel Zucker etwa 5 Minuten bei mittlerer Hitze dünsten lassen. Mit einem Schaumlöffel herausnehmen und beiseite legen.

5 Die Gelatine in etwas kaltem Wasser 5 bis 10 Minuten quellen lassen. Den Birnensud mit dem restlichen Wein, Zucker und Vanillezucker, Zitronensaft, Frischkäse und Joghurt zu einer glatten Creme rühren.

6 Die Gelatine aus dem Wasser nehmen, etwas ausdrücken und in einem Topf bei geringer Hitze auflösen. 4 bis 5 Esslöffel der Creme zur Gelatine geben und verrühren. Dann die Gelatine unter Rühren langsam zur Creme geben. Abgedeckt kühl stellen. Die Sahne steif schlagen. Sobald die Creme fest zu werden beginnt, die Sahne dazugeben und unterheben. Die Birnenstücke auf dem Biskuit verteilen, die Creme darüber geben, verteilen und glatt streichen. Nochmals abgedeckt 4 bis 5 Stunden oder über Nacht kühl stellen.

7 Trauben waschen. Sahne mit Sahnesteif steif schlagen und unter den Quark heben. Die Torte mit Sahnequark und Trauben verzieren.

VARIANTE

So bereiten Sie eingelegte Birnen zu: Die Früchte waschen, schälen, vierteln, das Kernhaus entfernen. Weißwein, Birnen und Zucker in einen Topf geben, die Gewürze in einem Leinensäckchen dazugeben. Zum Kochen bringen und 5 bis 8 Minuten bei mittlerer Temperatur köcheln lassen. Über Nacht durchziehen lassen.

Bananen-Joghurt-Torte

Für den Boden: 100 g feine Haferflocken
4 Eiweiß • 1 Prise Salz • 150 g Zucker
50 g Vollmilchschokolade
Für den Belag: 2 Bananen • Saft von
½ Zitrone • 1 Päckchen Vanillezucker
350 g Joghurt • 100 g Sahne • 2 Päckchen
Sahnesteif
Für die Verzierung: 1 Banane
1 EL Zitronensaft

1 Den Backofen auf 170–180 °C (Umluft 150–160 °C, Gas Stufe 2) vorheizen. Eine Springform fetten.

2 Die Haferflocken in einer Pfanne ohne Fett kurz rösten. 1 bis 2 Esslöffel davon beiseite legen.

3 Eiweiße und Salz mit einem Handrührgerät steif schlagen. Weiterrühren und Zucker einrieseln lassen. Schokolade klein hacken und mit Haferflocken unter die Eimasse heben. In die Form geben, glatt streichen und in der Backofenmitte 40 bis 50 Minuten backen. Abkühlen lassen.

4 2 Bananen längs in 10 Scheiben schneiden, in Zitronensaft wenden und auf dem Boden verteilen.

5 Vanillezucker und Joghurt verrühren. Sahne mit Sahnesteif steif schlagen, unter den Joghurt heben und auf den Tortenboden streichen.

6 1 Banane in Scheiben schneiden, mit Zitronensaft bestreichen. Torte mit Bananenscheiben und gerösteten Haferflocken verzieren.

TIPP

Diese Torte eignet sich auch wunderbar für Kindergeburtstage, da sie bei den Kleinen sehr gut ankommt.

Sonntagstorte

TIPP

Wenn Sie den Teig aus dem Kühlschrank holen, lässt er sich noch schlecht formen. Schneiden Sie daher kleinere Portionen ab, kneten Sie sie durch und rollen Sie den Teig dann im Ganzen aus.

TIPP

Beim Auftragen des Tortengusses sollten Sie mit einem breiten Messer oder Löffel rasch von der Mitte aus arbeiten, um eine glatte Oberfläche zu erreichen.

Für die Tortenböden: 250 g Mehl
150 g gut gekühlte Butter • 85 g Zucker
1 Msp. Salz • Abgeriebene Schale von
1 unbehandelten Zitrone • 1 Eigelb
Für die Cremefüllung: 8 Blatt weiße
Gelatine • 250 ml Milch • 200 g Zucker
1 Prise Salz • Abgeriebene Schale von
1 unbehandelten Zitrone • 4 Eigelb
500 g Sahne • 500 g Quark
Für die Verzierung: 2 Dosen Mandarinen
(à 175 g Abtropfgewicht) • 1 Päckchen
Tortenguss, klar • 2 EL Zucker
250 ml Mandarinensaft

1 Das Mehl auf eine Unterlage oder in eine große Schüssel sieben und in die Mitte eine Mulde drücken. Die Butter in Flöckchen, den Zucker, das Salz und die Zitronenschale auf dem Mehlrand verteilen. Die Eigelbe in die Mulde geben. Alle Zutaten rasch zu einem Mürbeteig kneten und in Klarsichtfolie verpackt 1 Stunde kühl lagern.

2 Den Backofen auf 200 °C (Umluft 180 °C, Gas Stufe 3) vorheizen. Den Boden einer Springform fetten. Den Teig teilen und auf einer leicht bemehlten Unterlage zu zwei runden Teigplatten von je 24 bis 26 Zentimeter Durchmesser ausrollen. Die Teigplatten nacheinander in die Backform legen und auf der mittleren Schiebeleiste des Backofens jeweils 8 bis 10 Minuten backen. Den ersten Tortenboden auf einem Kuchengitter kurz abkühlen lassen, auf eine Platte legen und mit einem Tortenring fest umschließen. Den zweiten Tortenboden gleich nach dem Backen in 14 bis 16 Stücke einteilen, vorschneiden und auf einem Kuchengitter abkühlen lassen.

3 Die Gelatine in etwas kaltem Wasser 5 bis 10 Minuten quellen lassen. In einem Topf die Milch zusammen mit dem Zucker, dem Salz, der Zitronenschale und den Eigelben unter ständigem Rühren bei hoher Temperatur zum Kochen bringen und sofort vom Herd nehmen. Die Gelatine aus dem Wasser nehmen, etwas ausdrücken und in der heißen Milch unter Rühren auflösen. Die Milch abkühlen lassen. Die Sahne steif schlagen. Den Quark cremig rühren. Sobald die Milch fest zu werden beginnt, die Sahne und den Quark mit der Milch zu einer Creme verrühren. Die Creme im Tortenring auf der Gebäcklage verteilen und glatt streichen. Abgedeckt 4 bis 5 Stunden oder besser über Nacht kalt stellen.

4 Die Mandarinen in ein Sieb geben und abtropfen lassen. Den Saft dabei auffangen und 250 Milliliter davon für den Guss bereit stellen (eventuell noch mit Wasser auffüllen). Die in Stücke vorgeschnittene Gebäckplatte vorsichtig auf die Torte legen. Die Mandarinenstückchen dekorativ auf den einzelnen Segmenten verteilen. Das Tortengusspulver mit dem Zucker vermischen und mit etwas Mandarinensaft unter Rühren auflösen, ohne dass sich Klümpchen bilden. Den restlichen Saft in einem Topf zum Kochen bringen. Unter ständigem Rühren das aufgelöste Tortengusspulver dazugeben, die Gussmasse nochmals kurz aufkochen lassen und vom Herd nehmen. Die heiße Gussmasse von der Mitte aus über die Mandarinen verteilen und abkühlen lassen. Sobald der Guss fest ist, die Torte servieren.

Blaubeercremetorte

TIPP

Bei Biskuitteig, der ohne Backpulver zubereitet wird, sollten Sie immer nur den Boden und keinesfalls den Rand ausfetten. So kann der Teig auch ohne Backtriebmittel gut aufgehen.

TIPP

Für die Verzierung des Tortenrandes können Sie etwas geraspelte dunkle Schokolade verwenden.

Für den Mürbeteigboden: 125 g Mehl
1/2 TL Backpulver • 60 g Butter
60 g Zucker • 1 Ei • Butter oder Margarine zum Fetten
Für den Biskuitboden:
125 g Kuvertüre, halbbitter
125 g zerlassene Butter oder Margarine
5 Eier • 175 g Zucker • 1 Päckchen Vanillezucker • 125 g Mehl
125 g Speisestärke • 1 TL Backpulver
Für die Creme: 500 g TK-Blaubeeren oder frische Früchte • 130 g Zucker
6 Blatt weiße Gelatine • 750 ml Sahne
Für die Verzierung: Einige Blaubeeren Schokoladenraspel • Einige Minzeblättchen

1 Das Mehl und das Backpulver mischen, in eine Schüssel oder auf eine Unterlage sieben und in die Mitte eine kleine Mulde drücken. Die kalte Butter in Flöckchen zusammen mit dem Zucker auf dem Mehlrand verteilen. Das Ei aufschlagen und in die Mulde gleiten lassen. Alles zügig zu einem Mürbeteig verkneten. In Folie wickeln und etwa 1 Stunde kühl stellen.

2 Den Backofen auf 180°C (Umluft 160°C, Gas Stufe 2) vorheizen. Den Boden einer Springbackform mit Butter oder Margarine fetten. Den Teig auf einer leicht bemehlten Unterlage in Bodengröße der Backform ausrollen und in die Springform legen. Sie können den Teig aber auch direkt auf dem gefetteten Backformboden ausrollen. Den Mürbeteigboden auf der mittleren Schiebeleiste des Backofens 15 bis 20 Minuten backen. Die Gebäckplatte anschließend abkühlen lassen, auf eine Platte legen und mit einem Tortenring fest umschließen.

3 Den Backofen auf 180 °C (Umluft 160° C, Gas Stufe 2) vorheizen. Den Boden einer Springbackform mit Butter oder Margarine einfetten.

4 Für den Biskuit Kuvertüre raspeln, Butter oder Margarine zerlassen und die Eier trennen. Die Eiweiße steif schlagen. Die Eigelbe in einer Schüssel aufschlagen und mit dem Handrührgerät 3 bis 5 Minuten schaumig rühren. Weiter mixen und Zucker und Vanillezucker einrieseln lassen. Alles 3 bis 5 Minuten weiterrühren, bis eine feine Schaummasse entsteht.

5 Flüssige Butter und Kuvertüreraspel unterrühren. Das Mehl, die Speisestärke und das Backpulver mischen, sieben, zur Eischaummasse geben und zügig unterheben. Den Eischnee ebenfalls unterheben. Die Teigmasse in die Backform geben und mit einer Palette oder einem großen Messer glatt streichen. Auf der mittleren Schiebeleiste des Backofens 35 bis 40 Minuten backen. Den Biskuitboden in der Backform abkühlen lassen, vorsichtig aus der Form lösen und waagrecht halbieren. Einen Biskuitboden auf den Mürbeteigboden in der Form geben.

6 Tiefkühlfrüchte antauen lassen. Frische Früchte verlesen und waschen. Einige Beeren zur Verzierung beiseite legen. Zwei Drittel der übrigen Beeren durch ein Sieb streichen, mit 80 Gramm Zucker mischen und beiseite stellen. Gelatine 5 bis 10 Minuten lang einweichen, dann ausdrücken und in einem Topf mit 3 Ess-

löfel Wasser bei geringer Hitze auflösen. Unter das Blaubeerpüree ziehen. Ein Drittel der Beeren locker unterheben. Kühlen und halbfest werden lassen.

7 Die Sahne und 50 Gramm Zucker steif schlagen. Etwa ein Drittel davon beiseite stellen und bis zur Weiterverwendung kalt stellen. Die restliche Sahne vorsichtig unter das Blaubeerpüree heben und die Hälfte der Creme mit einer Palette oder einem breiten Messer auf dem Tortenboden verteilen. Den zweiten Biskuitboden darauf platzieren und mit der zweiten Hälfte der Creme bestreichen. Abgedeckt mindestens 4 bis 6 Stunden kalt stellen. Anschließend die restliche Sahne auf die Torte und um den Rand streichen. Mit Blaubeeren, Schokoraspeln und Minze verzieren.

TIPP

Suchen Sie für die Verzierung immer besonders schöne Beeren aus. Anstatt frischer Minzblattchen können Sie zur Dekoration auch Zitronenmelisse verwenden.

Maracujatorte

Für den Biskuitboden: 2 Eier
60 g Zucker • 60 g Mehl • 40 g Speisestärke • 2 TL Backpulver • Butter oder Margarine zum Fetten
Für den Belag: 8 Blatt weiße Gelatine
2 frische Maracujas • 1 Dose Pfirsichstücke (Abtropfgewicht 500 g)
500 g Sahnequark • Saft von 1 Zitrone
60 g Zucker • 500 g Sahne
Zum Fertigstellen und für die Verzierung: 1 Päckchen Tortenguss
1–2 EL Zucker • 250 ml Maracujasaft

1 Den Backofen auf 200 °C (Umluft 180 °C, Gas Stufe 3) vorheizen. Den Boden einer Springbackform mit Butter oder Margarine fetten.

2 Die Eier in einer großen Schüssel aufschlagen und mit dem Handrührgerät auf höchster Stufe in 3 bis 5 Minuten schaumig rühren. Weiter rühren, den Zucker einrieseln lassen und in weiteren 3 bis 5 Minuten zu einer feinen Schaummasse rühren.

3 Das Mehl, die Speisestärke und das Backpulver mischen, sieben, zur Eischaummasse geben und zügig unterheben. Die Teigmasse in die Backform geben und mithilfe einer Palette oder eines breiten Messers glatt streichen. Auf der mittleren Schiebeleiste des Backofens ca. 15 Minuten backen. Den fertig gebackenen Biskuitboden in der Backform auskühlen lassen, vorsichtig heraus der Backform heben, auf eine Platte legen und mit einem Tortenring fest umschließen.

4 Die Gelatine in einem Gefäß mit ein wenig kaltem Wasser 5 bis 10 Minuten quellen lassen. Das Fruchtfleisch der Maracujas mit einem Löffel herausschälen. Die Pfirsiche in einem Sieb abtropfen lassen. Den Pfirsichsaft nach Belieben auffangen und für andere Zubereitungen aufheben.

5 Sahnequark mit Zitronensaft, Zucker und Maracuja-Fruchtfleisch mit einem Schneebesen vorsichtig zu einer glatten Creme anrühren. Achten Sie dabei darauf, nicht zu schnell zu rühren, da sich der Quark sonst verflüssigt. Die Gelatine aus dem Wasser nehmen, etwas ausdrücken und in einem Topf bei geringer Hitze auflösen. Vier bis fünf Esslöffel der Creme zur Gelatine geben und verrühren, dann die Gelatine unter Rühren langsam zur Creme geben.

6 Die Pfirsiche in Spalten schneiden und auf dem Biskuitboden verteilen. Die Sahne steif schlagen. Sobald die Creme fest zu werden beginnt, die Sahne unter die Creme heben. Die Creme auf die Pfirsichschicht geben und glatt streichen. Die Torte abgedeckt 4 bis 5 Stunden oder besser über Nacht kühl stellen.

7 Das Tortengusspulver mit dem Zucker vermischen und in etwas Maracujasaft auflösen. Den restlichen Saft in einem Topf zum Kochen bringen, das aufgelöste Tortengusspulver unter ständigem Rühren dazugießen, nochmals kurz aufkochen lassen und vom Herd nehmen. Etwa 30 Sekunden warten, dann den heißen Guss von der Mitte aus beginnend gleichmäßig über die Creme verteilen und abkühlen lassen. Vor dem Servieren den Tortenring vorsichtig entfernen.

TIPP

Maracujas sind mit den purpurfarbenen Passionsfrüchten verwandt. Ihre hellgrüne Schale verfärbt sich mit zunehmender Reife hellgelb. Sie werden etwas größer als Passionsfrüchte und ihr Aroma ist ein wenig säuerlicher. Maracujas sind reich an Provitamin A.

Erdbeertorte

Für den Biskuitboden: 4 Eier
120 g Zucker • abgeriebene Schale von
1 Zitrone • 100 g Mehl
60 g Speisestärke • 1 TL Backpulver
Für den Belag: 1/2 Päckchen Vanille-
Puddingpulver • 3 EL Zucker
250 ml Milch • 500 g Erdbeeren
200 g Sahne • 1 Päckchen Sahnesteif
1 Päckchen Vanillezucker

1 Den Backofen auf 180 °C (Umluft 160 °C, Gas Stufe 2) vorheizen. Eine Springbackform fetten.

2 Eier aufschlagen und schaumig rühren. Salz und Zucker dazugeben und weiter rühren. Mehl, Speisestärke und Backpulver mischen, sieben und unterheben. Teig in der Form glatt streichen. In der Backofenmitte 18 bis 20 Minuten backen.

3 Den fertigen Biskuit abkühlen lassen, herausnehmen und waagerecht durchschneiden. Einen Boden auf eine Platte legen und mit einem Tortenring umschließen.

4 Den Pudding nach Packungsanleitung anrühren und ein Drittel davon abgedeckt beiseite stellen. Erdbeeren verlesen, waschen und einige für die Verzierung beiseite stellen. Früchte klein schneiden, unter den warmen Pudding heben und auf den Biskuit streichen. Erstarren lassen und den zweiten Boden darauf setzen. Darüber den restlichen Pudding streichen. Sahne mit Sahnesteif und Vanillezucker steif schlagen und darüber ziehen. Mit Beeren und Minze verzieren. Abgedeckt 4 bis 5 Stunden kalt stellen.

TIPP

Erdbeeren sind kalorien- und fettarm, reich an gesunden Ballaststoffen und gut für eine gesunde Verdauung. Zudem beinhalten sie viel Vitamin C, Folsäure und Kalium.

Himbeercremetorte

TIPP

Nach Belieben können Sie den Biskuitboden auch mit 3 bis 4 Esslöffeln Himbeergeist tränken. Die Torte ist dann für Kinder allerdings nicht geeignet.

TIPP

Jede Torte lässt sich enorm aufwerten, wenn Sie als unterste Schicht einen krossen Mürbeteigboden herstellen.

Für den Mürbeteigboden: 120 g Mehl
50 g gut gekühlte Butter • 40 g Zucker
1 Prise Salz • 1 Ei
Für den Biskuitboden: 2 Eier
60 g Zucker • 50 g Weizenmehl
30 g Speisestärke
Für den Belag: 8 Blatt weiße Gelatine
250 g Joghurt (3,5 % Fett)
250 g Schmant • 130 g Zucker
1 Päckchen Vanillezucker • Saft von
1 Zitrone • 300 g Sahne
Für die Verzierung: 250 g frische
Himbeeren • 2 Päckchen Tortenguss,
rot • 4 gestrichene EL Zucker
500 ml Himbeersaft (oder Wasser)
100 g Sahne

1 Für den Mürbeteigboden das Mehl auf eine Unterlage oder in eine große Schüssel sieben und in die Mitte eine Mulde drücken. Die Butter in Flöckchen, den Zucker und das Salz auf dem Mehlrand verteilen. Das Ei aufschlagen und in die Mulde geben. Alle Zutaten zügig zu einem Teig kneten und in Klarsichtfolie verpackt 1 Stunde kühl lagern.

2 Den Backofen auf 180 °C (Umluft 160 °C, Gas Stufe 2) vorheizen. Eine Springbackform fetten. Den Teig auf einer leicht bemehlten Unterlage auf die Größe der Backform (ohne Rand) ausrollen und in die Backform legen. Auf der mittleren Schiebeleiste des Backofens 15 bis 20 Minuten backen. Den fertig gebackenen Mürbeteigboden in der Form etwas abkühlen lassen, vorsichtig aus der Springform lösen, auf eine Platte legen und mit einem Tortenring fest umschließen. Die Backform reinigen und den Backformboden erneut fetten.

3 Den Backofen erneut auf 180 °C (Umluft 160 °C, Gas Stufe 2) vorheizen. Für den Biskuitboden die Eier in einer Schüssel aufschlagen, 2 Esslöffel heißes Wasser dazugeben und mit dem Handrührgerät auf höchster Stufe in 3 bis 5 Minuten schaumig rühren. Weiter rühren, den Zucker einrieseln lassen und in weiteren 3 bis 5 Minuten zu einer feinen Schaummasse rühren. Das Mehl und die Speisestärke mischen, sieben, zur Eischaummasse geben und vorsichtig unterheben. Die Teigmasse anschließend in die Backform geben, glatt streichen und auf der mittleren Schiebeleiste des Backofens 18 bis 20 Minuten backen. Den fertig gebackenen Biskuitteig in der Form abkühlen lassen und vorsichtig aus der Form nehmen.

4 Die Gelatine in einem Gefäß mit kaltem Wasser 5 bis 10 Minuten quellen lassen. In einer Schüssel den Joghurt, den Schmant, Zucker und Vanillezucker zu einer Creme verrühren. Die Gelatine aus dem Wasser nehmen, etwas ausdrücken und in einem Topf mit dem Zitronensaft bei geringer Hitze auflösen. 3 bis 4 Esslöffel der Creme zur Gelatine geben und verrühren, dann die Gelatine nach und nach unter Rühren zur Creme geben.

5 Die Sahne steif schlagen. Sobald die Creme fest zu werden beginnt, die Sahne dazugeben und unterheben. Die Hälfte der Crememasse auf den Mürbeteigboden geben und glatt streichen. Den Biskuitboden auflegen, die restliche Creme auf dem Biskuit verteilen und

glätten. Die Torte abgedeckt 4 bis 5 Stunden oder besser über Nacht kalt stellen.

6 Die Himbeeren in einem Sieb vorsichtig unter fließendem Wasser abbrausen, abtropfen lassen und entstielen. Die Früchte gleichmäßig auf der Torte verteilen. Das Tortengusspulver mit dem Zucker mischen und in etwas Wasser oder Himbeersaft auflösen. Die restliche Flüssigkeit in einem Topf zum Kochen bringen, das aufgelöste Tortengusspulver unter Rühren zur kochenden Flüssigkeit gießen, nochmals kurz aufkochen lassen und den Topf vom Herd nehmen. Den heißen Tortenguss von der Mitte her über die Himbeeren verteilen und abkühlen lassen. Anschließend nochmals kühl stellen.

7 Vor dem Servieren die Sahne steif schlagen, in einen Spritzbeutel geben und die Torte mit der Sahne verzieren.

INFO

Für die Dekoration von Beerentorten jeglicher Art eignen sich alle Küchenkräuter mit einem erfrischenden, leicht scharfen Geschmack. Sie harmonieren ausgezeichnet mit dem säuerlichen Aroma der Beeren und unterstreichen es. Dazu zählen insbesondere Zitronenmelisse und Pfefferminze. Beide Kräuterarten, die sich im Übrigen auch zur Herstellung von Tees eignen, können Sie hervorragend im eigenen Garten ziehen und bei Bedarf ernten.

TIPP

Den Mürbeteig sollten Sie nach dem Backen nur kurz ruhen lassen, da er sich ansonsten nur schwer vom Boden der Form ablösen lässt.

Kokos-Sommertorte

Für die Tortenböden: 175 g Kokosraspel
200 g Butter • 200 g Rohrzucker
4 Eier • 250 g Sauerrahm • 200 g Mehl
50 g Speisestärke • 2 TL Backpulver
125 ml Kokosmilch
Für die Cremefüllung: 2 Blatt weiße
Gelatine • 100 g weiche Butter
300 g Quark (20 % Fett) • 200 g Ricotta
150 g Rohrzucker • 200 g Sahne
Für Belag und Verzierung:
200 g Kokosnussfruchtfleisch
200 g Zwetschgen- oder Pflaumenmus
100 g Ricotta • 20 g Puderzucker
150 g Crème fraîche • 1–2 Msp. abgeriebene Schale einer unbehandelten
Zitrone • Kandierte Rosenblütenblätter

1 Den Backofen auf 180 °C (Umluft 160 °C, Gas Stufe 2) vorheizen. Eine Springbackform mit Butter oder Margarine fetten. Die Kokosraspeln in einer beschichteten Pfanne ohne Zugabe von Fett bei geringer Hitze etwas anrösten, gleich vom Herd nehmen und abkühlen lassen. In einer Schüssel die Butter schaumig rühren und den Zucker dabei nach und nach einrieseln lassen. Weiter rühren, die Eier und löffelweise den Sauerrahm dazugeben. Mehl, Speisestärke und Backpulver mischen, sieben und ebenfalls löffelweise unterrühren. Die Kokosraspeln und die Kokosmilch unter die Teigmasse rühren. Die Teigmasse in die Backform geben, glatt streichen und auf der mittleren Schiebeleiste 35 bis 40 Minuten goldbraun backen. Den Tortenboden abkühlen lassen, aus der Form lösen und auf ein Kuchengitter legen. Das völlig ausgekühlte Gebäck einmal quer durchschneiden. Die untere Gebäcklage auf eine Platte legen.

2 Die Gelatine in kaltem Wasser 5 bis 10 Minuten quellen lassen. Butter schaumig rühren. Den Quark durch ein Haarsieb streichen und mit der Butter, dem Ricotta und dem Zucker kurz verrühren. Gelatine etwas ausdrücken und in einem Topf in 1 Esslöffel Wasser bei geringer Hitze auflösen. 2 bis 3 Esslöffel der Quarkmasse zur Gelatine geben und verrühren, dann die Gelatine unter Rühren zur Quarkmasse geben, abdecken und kühl stellen. Die Sahne steif schlagen. Beginnt die Quarkmasse fest zu werden, die Sahne unterheben.

3 Das Kokosnussfruchtfleisch von der braunen Haut befreien und in feine Streifen schneiden. Die Kokosstreifen in einer Pfanne ohne Fett rösten und beiseite legen. 2 bis 3 Esslöffel davon für die Verzierung beiseite legen. Die untere Gebäcklage mit zwei Drittel des Zwetschgenmuses bestreichen und Kokosstreifen bestreuen. Die Gebäckplatte mit einem Tortenring fest umschließen, die Creme auf der unteren Gebäcklage verteilen und die obere Gebäckplatte auflegen. Abgedeckt über Nacht kalt stellen.

4 Den Ricotta in eine Schüssel geben. Puderzucker dazusieben, Crème fraîche und Zitronenschale zum Ricotta geben und alles zu einer Creme verrühren. Den Tortenring vorsichtig ablösen. Torte mit Creme überziehen. Das restliche Zwetschgenmus in einem Topf erwärmen und in dünnen Fäden über die Torte laufen lassen. Gleich mit den übrigen Kokosstreifen und den kandierten Rosenblättern verzieren.

TIPP

Im hohlen Kern der Kokosnuss steckt das weiße, aromatische Fruchtfleisch, das zwischen ein und zwei Zentimeter dick ist. Es ist fest und faserig und kann auch roh verzehrt werden.

TIPP

Für kandierte Rosenblätter benötigen Sie Wildrosenblätter, Eiweiß und Puderzucker. Ziehen Sie die Rosenblätter durch leicht aufgeschlagenes Eiweiß und legen Sie sie auf ein mit Backpapier ausgelegtes Backblech. Mit Puderzucker überstreuen. Bei 70 Grad 2 bis 3 Stunden im Backofen (keine Umluft) trocknen (nicht backen!).

Feine Aprikosentorte →

TIPP

Erst wenn die Frucht voll ausgereift ist, wird die Haut der Aprikose weich. Ihr zartes orangefarbenes Fruchtfleisch schmeckt süß und aromatisch. Die gesunden Früchte weisen einen hohen Betacarotingehalt auf und liefern reichlich Kalium, Magnesium sowie Vitamin A.

TIPP

Bevorzugen Sie bei konserviertem Obst möglichst ungezuckerte Ware. Im Zweifelsfall reduzieren Sie die Zuckermenge für den Belag.

Für den Biskuitboden: 2 Eier
50 g Zucker • 1 Päckchen Vanillezucker
40 g Mehl • 30 g Speisestärke
½ TL Backpulver • Butter oder Margarine zum Fetten

Für den Belag: 150 g Joghurt • 1 Dose Aprikosen (500 g Abtropfgewicht)
2 Päckchen Vanille-Puddingpulver
1 EL Zucker • 500 ml Aprikosensaft (oder Wasser)

Für die Verzierung: 500 g Sahne
14–16 Kugeln Giotto®-Konfekt
30 g Mandelblättchen • 25 g gehackte Mandeln • Einige Blättchen Zitronenmelisse

1 Den Backofen auf 200 °C (Umluft 180 °C, Gas Stufe 3) vorheizen. Eine Springbackform fetten.

2 Die Eier in einer großen Schüssel aufschlagen und mit dem Handrührgerät auf höchster Stufe in 3 bis 5 Minuten schaumig rühren. Weiter rühren, den Zucker und den Vanillezucker einrieseln lassen und in weiteren 3 bis 5 Minuten zu einer feinen Schaummasse rühren.

3 Das Mehl, die Speisestärke und das Backpulver mischen, sieben, zur Eischaummasse geben und zügig unterheben, sodass eine glatte Teigmischung entsteht. Die Teigmasse anschließend in die Springbackform geben und mit einer Palette glatt streichen. Den Biskuit auf der mittleren Schiebeleiste des Backofens 15 bis 18 Minuten backen. Den fertig gebackenen Biskuitboden in der Form auskühlen lassen, dann vorsichtig aus der Backform heben, auf eine Platte legen, mit dem Joghurt bestreichen und mit einem Tortenring fest umschließen.

4 Die Aprikosen in einem Sieb abtropfen lassen. Den Saft in einem Gefäß auffangen und zur späteren Verwendung beiseite stellen (bei Bedarf auf 500 Millimeter mit Wasser auffüllen). Die Aprikosen in kleine Würfel schneiden. Das Puddingpulver mit dem Zucker vermischen und in etwas Aprikosensaft auflösen. Den restlichen Saft in einem Topf zum Kochen bringen, unter Rühren das aufgelöste Puddingpulver dazugießen und 2 bis 3 Minuten kochen lassen. Dann den Topf vom Herd nehmen und die Aprikosenstücke unterheben. Diese Masse auf dem Boden verteilen und glatt streichen. Abdecken und 2 bis 3 Stunden oder über Nacht kalt stellen.

5 Vor dem Servieren den Tortenring vorsichtig abnehmen. Die Sahne steif schlagen. 8 Giotto®-Kugeln mit einem Messer klein hacken und zusammen mit den Mandelblättchen unter die Sahne heben. Die Sahne gleichmäßig auf der Torte verteilen und mit den gehackten Mandeln, den restlichen Giotto®-Kugeln und den Melisseblättchen verzieren.

INFO

Die klassische Speisestärke besteht aus reiner Maisstärke. Sie kann vielseitig verwendet werden: Zum Binden von Suppen und Soßen oder für die Verfeinerung von Kuchen und Torten. Die Dosierung richtet sich nach dem individuellen Rezept.

Birnen-Milchreiskuchen

Für die Teigmasse: 500 g Birnen
1 EL Rohrzucker • 400 ml Milch
1 EL Rohrzucker • 100 g Milchreis
1 TL Zimt • 50 g Butter • 100 g Rohrzucker
abgeriebene Schale von 1 unbehandelten Zitrone • 2 Eigelb • 50 g Speisestärke
1 TL Backpulver • 500 g Quark • 3 Eiweiß
Zum Bestreuen: Zimt und Zucker

1 Birnen putzen und nicht zu klein würfeln. 1 Esslöffel Zucker erhitzen, bis er sich verflüssigt. Birnenwürfel dazugeben und verrühren. Abgedeckt bei mäßiger Hitze 5 Minuten dünsten.

2 Die Milch mit dem Zucker zum Kochen bringen. Milchreis dazugeben, unter Rühren aufkochen lassen. Abgedeckt bei geringer Hitze 20 bis 25 Minuten quellen lassen, vom Herd nehmen, und Zimt unterrühren.

3 Den Backofen auf 180 °C (Umluft 160 °C, Gas Stufe 2) vorheizen. Eine Springbackform fetten.

4 Butter schaumig rühren. Weiter rühren und Zucker, Zitronenschale und Eigelbe dazugeben.

5 Speisestärke und Backpulver mischen, sieben und unter die Buttermasse rühren. Nun auch Quark und Reis unter die Masse rühren.

6 Eiweiße steif schlagen und mit den Birnen unter den Teig heben. In der Backform verteilen. In der Backofenmitte 1 bis 1 1/4 Stunden backen. In der Backform etwas abkühlen lassen, mit etwas Zimt und Zucker bestreuen, den Kuchen vorsichtig aus der Backform lösen und auf einem Kuchengitter abkühlen lassen.

TIPP

Rohrohrzucker ist teilweise raffiniert und enthält noch Melasse. Vollrohrzucker hingegen ist unraffiniert und enthält alle Mineralstoffe aus dem Zuckerrohr, als da sind Eisen, Magnesium, Kalzium und B-Vitamine.

Málagarolle

Für 12 bis 14 Stücke

Für den Biskuit: 4 Eier • 50 g Zucker
1 TL Zitronensaft • 100 g Mehl
1 $^1/_2$ TL Backpulver • 100 g Mohnbackfertigmischung
Für die Füllung: 1 Päckchen Vanille-Puddingpulver • 1 EL Zucker • $^1/_2$ l Milch
150 g weiche Butter • 50 g Rohrzucker
300 g Birnen (frisch oder aus der Dose)
Saft von 1 Zitrone • 125 g Rumrosinen
Für die Verzierung: 50–100 g Sahne
12–14 Rosinen

1 Backofen auf 220–240 °C (Umluft 190–200 °C, Gas Stufe 4–5) vorheizen. Ein Backblech mit Backpapier oder Dauerbackfolie auslegen. Die Eier in einer Schüssel aufschlagen und mit dem Handrührgerät in 3 bis 5 Minuten schaumig rühren, Zucker einrieseln lassen, Zitronensaft dazugeben und alles in weiteren 3 bis 5 Minuten zu einer feinen Schaummasse rühren. Mehl und Backpulver mischen und sieben. Die Mehl- mit der Mohnbackmischung vermengen, zur Schaummasse geben und unterheben. Die Teigmasse auf dem Backblech verteilen und glatt streichen. In der Backofenmitte 8 bis 10 Minuten backen. Die Biskuitplatte kurz ruhen lassen, mit dem Papier oder der Folie aufrollen und abkühlen lassen.

2 Für die Füllung das Puddingpulver mit Zucker vermischen und mit etwas Milch glatt rühren. Die restliche Milch zum Kochen bringen, das aufgelöste Puddingpulver unter Rühren dazugießen und nochmals 1 bis 2 Minuten kochen lassen. Den Topf vom Herd nehmen und abkühlen lassen.

3 Die Butter schaumig rühren und den Zucker dabei einrieseln lassen. Den abgekühlten Pudding unter Rühren löffelweise dazugeben und mit der Butter zu einer Creme verrühren. Die frischen Birnen waschen, schälen, Kerngehäuse und Strünke entfernen. Sollten Sie Birnen aus der Dose verwenden, geben Sie diese in ein Sieb und lassen sie gut abtropfen. Die Birnen in Stücke oder Würfel schneiden und gleich mit dem Zitronensaft vermischen. Birnen und Rumrosinen zu der Buttercreme geben und unterheben. Die Biskuitrolle auseinanderrollen. Die Creme auf die Biskuitplatte streichen. Die Biskuitplatte etwas von dem Papier bzw. der Folie lösen, wieder aufrollen und das Papier oder die Folie dabei Stück für Stück abziehen.

4 Für die Verzierung die Sahne steif schlagen, in einen Spritzbeutel mit Stern- oder Lochtülle geben und dekorative Rosetten auf die Rolle spritzen. Die Rosinen waschen, mit einem Küchenpapier trocken tupfen und auf die Sahnerosetten setzen.

INFO

Mit Málaga wird normalerweise ein Rahmeis bezeichnet, das aus Sahne, Zucker und Eiern hergestellt wird. Das Besondere an dieser Eissorte, die nach dem gleichnamigen Ort im Süden Spaniens an der Costa del Sol benannt wurde, ist eine spezielle Zutat: Rosinen, die zuvor in Málaga-Wein, einem süßen oder trockenen Dessertwein mariniert wurden, der aus der Muskatellertraube gekeltert wird.

TIPP

Birnen gehören zu den ältesten in Europa bekannten Kulturpflanzen. Sie sind säurearm und ballaststoffreich, enthalten aber etwa so viel Fruchtzucker wie Äpfel. Dadurch schmecken sie besonders süß und sind gleichzeitig sehr bekömmlich. Zudem sind sie reich an Eisen und entwässerndem Kalium. Achten Sie beim Kauf von Konserven darauf, dass kein Zucker zugesetzt wurde.

TIPP

Bei diesem Rezept wird eine klassische Buttercreme variiert. Wichtig dabei ist, dass die Butter-Zuckermischung in etwa die gleiche Temperatur wie der Pudding hat, denn sonst gerinnt die Butter.

Cassistorte

TIPP

Zur Herstellung des Cassis werden die frisch geernteten schwarzen Johannisbeeren zwei Monate in Alkohol eingelegt und anschließend mit in Saft gelöstem Zucker gemischt. Ein echter Cassis-Likör enthält mindestens 15 Prozent Alkohol und wird ohne Zusatzstoffe zubereitet.

TIPP

Nach Belieben können Sie auch Schokostreusel am Tortenrand und auf der Tortenoberfläche auftragen.

Für den Biskuit: 4 Eier • 120 g Rohrzucker • 70 g Mehl • 70 g Speisestärke
2 TL Backpulver • 1 $1/_2$ EL Kakao
Für die Biskuitrollen-Füllung: 3 Blatt weiße Gelatine • 1 Päckchen Karamell-Puddingpulver • 3 EL Zucker
250 ml Milch • 120 g Butter
Für die Tortenfüllung: 8 Blatt weiße oder rote Gelatine • 200 g tiefgekühlte Heidelbeeren • 150 g Zucker • 100 g klein gehackte oder geraspelte Vollmilchschokolade • Saft von 1 Zitrone
500 g Mascarpone • 100 ml Cassis (Schwarzer Johannisbeerlikör)
400 g Sahne
Für die Verzierung: 200 g Sahne
14–16 verlesene Heidelbeeren
14–16 Blättchen Zitronenmelisse
Eventuell Schokostreusel

1 Den Backofen auf 220–240 °C (Umluft 190–200 °C, Gas Stufe 4–5) vorheizen. Das Backblech mit Backpapier auslegen.

2 Die Eier in einer Schüssel aufschlagen und mit dem Handrührgerät in 3 bis 5 Minuten schaumig rühren. Weiter rühren, Zucker einrieseln lassen und in weiteren 3 bis 5 Minuten fein schaumig rühren.

3 Das Mehl, die Speisestärke, das Backpulver und das Kakaopulver gut mischen, sieben, zur Eischaummasse geben und zügig unterheben. Die Teigmasse gleichmäßig auf dem Backblech verteilen und glatt streichen. Auf der mittleren Schiebeleiste des Backofens 8 bis10 Minuten backen. Die Biskuitplatte kurz ruhen lassen, dann mit der Folie aufrollen und auskühlen lassen.

4 Für die Biskuitrollen-Füllung die Gelatine in einem Gefäß mit kaltem Wasser 5 bis 10 Minuten quellen lassen. Das Puddingpulver mit dem Zucker mischen und in etwas kalter Milch auflösen. Die restliche Milch in einem Topf zum Kochen bringen. Unter Rühren das aufgelöste Puddingpulver zur Milch gießen und 2 bis 3 Minuten kochen lassen. Dann den Topf vom Herd nehmen und den Pudding etwas abkühlen lassen. Die Gelatine aus dem Wasser nehmen, etwas ausdrücken und unter Rühren zum Pudding geben. Den Pudding weiter abkühlen lassen.

5 Die Butter in einer Schüssel cremig rühren. Den fast erkalteten Pudding mit der Butter zu einer Creme verrühren. Die Biskuitrolle auseinanderrollen und mit der Creme bestreichen. Die Folie etwas vom Biskuitrand lösen. Den Biskuit wieder aufrollen und die Folie dabei immer wieder ein Stück weit abziehen. Die Rolle abkühlen lassen, dann in etwa 20 Scheiben von 1,5 Zentimeter Dicke schneiden. Den Tortenring auf eine Platte legen. Die Rollenscheiben zuerst am inneren Rand entlang eng aneinandersetzen. Dann den Ringboden mit den restlichen Rollenscheiben auslegen.

6 Für die Tortenfüllung Gelatine wieder 5 bis 10 Minuten in kaltem Wasser quellen lassen. 14 bis 16 Beeren aus den Früchten herauslesen und beiseite stellen. Die restlichen Heidelbeeren etwas antauen lassen und fein mixen. Die Beeren mit dem Zucker, der gehackten Schokolade, dem Zitronensaft und dem Mas-

carpone zu einer Creme verrühren. Die Gelatine aus dem Wasser nehmen, etwas ausdrücken und in einem Topf in 3 Esslöffel Wasser bei geringer Hitze auflösen. 3 bis 4 Esslöffel der Creme zur Gelatine geben und mit dem Schneebesen verrühren. Dann die Gelatine unter Rühren zur Creme geben. Den Cassis zugeben und unterrühren. Die Sahne steif schlagen und unter die Creme heben. Die Creme gleichmäßig in die mit den Biskuitrollen ausgelegte Form geben und glatt streichen. Abgedeckt kühl stellen und 4 bis 5 Stunden oder noch besser über Nacht ruhen lassen.

7 Vor dem Servieren die Sahne steif schlagen, Torte bestreichen, mithilfe eines Spritzbeutels 14 bis 16 Rosetten aufspritzen und die Tortenverzierung mit den verlesenen Heidelbeeren und den Melissenblättern fertigstellen.

TIPP

Schwarze Johannisbeeren sollten Sie rasch verarbeiten, da sie gekühlt nur wenige Tage haltbar sind.

Cranberry-Schmant-Rolle

TIPP

Die nordamerikanischen Cranberrys sind mit unseren Preiselbeeren verwandt. Sie haben aufgrund ihres besonderen Aromas inzwischen auch hierzulande viele Freunde gefunden, die die Beeren auch wegen ihres reichen Gehalts an Vitamin C, Kalzium, Magnesium und Eisen schätzen.

TIPP

Die Ananasfrucht ist fettarm und dabei äußerst reich an Vitaminen, Mineralstoffen und Spurenelementen. Ihre Enzyme fördern die Verdauung und sättigen gut. Achten Sie beim Kauf des Ananassafts allerdings darauf, dass er nicht zusätzlich gesüßt ist.

Für 12 bis 14 Stücke

Für den Biskuit: 5 Eier • 100 g Zucker 70 g Mehl • 60 g Speisestärke 2 TL Backpulver
Für Füllung und Verzierung: 4 Blatt weiße Gelatine • 340 g Cranberrys 250 ml Ananassaft • 2 EL Zitronensaft 150 g Rohrzucker • 2 Päckchen Vanillezucker • 200 g Sahne • 200 g Schmant
Für die Verzierung: 100 g Sahne Gehackte Pistazienkerne • Schokodekor

1 Den Backofen auf 220–240 °C (Umluft 190–200 °C, Gas Stufe 4–5) vorheizen. Ein Backblech mit Backpapier oder Dauerbackfolie auslegen. Die Eier in einer Schüssel aufschlagen und mit dem Handrührgerät in 3 bis 5 Minuten schaumig rühren, Zucker einrieseln lassen und in weiteren 3 bis 5 Minuten zu einer feinen Schaummasse rühren. Mehl, Speisestärke und Backpulver mischen, zur Schaummasse sieben und unterheben. Die Teigmasse auf dem Backblech verteilen und mit einer Palette oder einem breiten Messer glatt streichen. Auf der mittleren Schiebeleiste 8 bis 10 Minuten backen. Die Biskuitplatte kurz ruhen lassen, mit dem Papier oder der Folie aufrollen und abkühlen lassen.

2 Gelatine in einer Schüssel in etwas kaltem Wasser 5 bis 10 Minuten quellen lassen. Die Cranberrys waschen und in einem Sieb gut abtropfen lassen.

3 Den Ananassaft, den Zitronensaft, den Zucker und den Vanillezucker in einem Topf verrühren, erhitzen und kurz aufkochen lassen. Die Cranberrys in den Topf dazugeben und mit dem Saft so lange kochen lassen, bis sie aufplatzen. Anschließend den Topf von der Herdplatte nehmen, die Gelatine dazugeben und verrühren. Die Masse abdecken und kühl stellen. Die Sahne steif schlagen. Den Schmant unter die Sahne heben. Sobald die Fruchtmasse fest zu werden beginnt, die Sahne unter die Masse heben. Für die Verzierung 5 bis 6 Esslöffel dieser Creme beiseite stellen.

4 Die Biskuitrolle auseinanderrollen und mit der Creme bestreichen. Die Biskuitplatte etwas von dem Papier bzw. der Folie lösen, wieder aufrollen und das Papier oder die Folie dabei Stück für Stück abziehen.

5 Für die Verzierung der Cranberry-Schmant-Rolle die Sahne steif schlagen. Anschließend die Rolle mit der Sahne überziehen. Die beiseite gestellte Fruchtcreme in einen Spritzbeutel geben und tupfenweise auf die Rolle spritzen. Die Schmantrolle mit den gehackten Pistazien bestreuen und zum Schluss mit dem Schokodekor verzieren.

INFO

Cranberries sind bis Dezember zu kaufen. Die roten Früchte schmecken zu pikanten Gerichten genauso gut wie zu Desserts und in feinem Gebäck und Torten. Cranberries sehen fast genauso aus wie Heidelbeeren, werden aber so groß wie Kirschen.

Tiramisùrolle

Für den Teig: 5 Eier • 80 g Zucker
40 g Mehl • 80 g Speisestärke
1 TL Backpulver • 1 EL Zucker zum Bestreuen
Für die Füllung: 4 Eigelb • 50 g Puderzucker • 160 g Mascarpone • 4 EL Rum
1 EL Zitronensaft • 2 Eiweiß
100 g Zucker • 100 g Sahne • 1 Päckchen Sahnesteif • 1 Päckchen Vanillezucker
3–4 EL Instant-Kaffeepulver (je nach Sorte) • 2 $1/2$ EL Kakaopulver
70 g Löffelbiskuit
Für die Verzierung: Etwas Kakao

1 Den Backofen auf 220–240 °C (Umluft 190–200 °C, Gas Stufe 4–5) vorheizen. Ein Backblech mit Backpapier oder Dauerbackfolie auslegen. Die Eier in einer großen Schüssel aufschlagen und mit dem Handrührgerät in 3 bis 5 Minuten schaumig rühren, Zucker nach und nach einrieseln lassen und in weiteren 3 bis 5 Minuten zu einer feinen Schaummasse rühren. Mehl und Backpulver mischen, zur Schaummasse sieben und sorgfältig unterheben. Die Teigmasse auf dem Backblech verteilen und mithilfe eines breiten Messers glatt streichen. Auf der mittleren Schiebeleiste 8 bis 10 Minuten backen. Die Biskuitplatte kurz ruhen lassen, mit dem Papier oder der Folie aufrollen und abkühlen lassen.

2 Für die Füllung die Eigelbe und den Puderzucker schaumig rühren. Dann den Mascarpone, 1 Esslöffel Rum und den Zitronensaft dazugeben und nochmals gut durchrühren. Die Eiweiße in einer Schüssel steif schlagen, weiter rühren und dabei 4 Esslöffel Zucker einrieseln lassen.

3 Sahne, Sahnesteif und Vanillezucker steif schlagen. Sahne und Eiweiß zum Mascarpone geben und unterheben. Die Creme für 1 bis 2 Stunden im Kühlschrank abgedeckt ruhen lassen.

4 Das Instant-Kaffeepulver, den Kakao, den restlichen Rum und Zucker in 80 Milliliter heißem Wasser auflösen. Zuerst die Biskuitplatte mit der Flüssigkeit bestreichen, dann die Löffelbiskuits kurz in die restliche Flüssigkeit tauchen.

5 Die Creme auf die Biskuitplatte streichen, eine Reihe Löffelbiskuits der Länge nach am Plattenrand auflegen.

6 Die Biskuitplatte etwas von dem Papier oder der Folie lösen und ein Stück weit aufrollen. Die zweite Reihe Löffelbiskuits auflegen und vollständig aufrollen. Dabei das Papier bzw. die Folie immer wieder ein Stück weit abziehen.

7 Die Rolle gleichmäßig mit Kakao bestäuben.

TIPP

Bei der Herstellung von Instant-Kaffeepulver werden Kaffeebohnen gemahlen und mit heißem Wasser aufgebrüht. Anschließend wird der Kaffeesatz wieder entfernt. Dieser Aufguss wird dann getrocknet und bildet das Instantpulver.

TIPP

Für die Verzierung sollten Sie dunkles, ungesüßtes Kakaopulver verwenden. Es verleiht dem süßen Dessert eine leichte Bitternote.

INFO

Tiramisù ist ein berühmtes Dessert aus dem italienischen Venetien. Es besteht aus Schichten von Löffelbiskuits und einer Creme aus Mascarpone, Eigelb und steif geschlagenem Eiweiß. Die Biskuits werden dazu in kaltem Espresso getränkt, der mit Weinbrand oder Amaretto versetzt wird.

Fettarme Torten

Rum-Ananas-Torte

TIPP

Die Zubereitung des Puddingpulvers und die genaue Dosierung von Zucker und Milch entnehmen Sie bitte der Packung. Lassen Sie ihn nur kurz abkühlen, sodass keine Haut entsteht.

TIPP

Brauner Rum wird aus Zuckerrohrsaft (Melasse) hergestellt und reift ähnlich wie Whisky in Eichenfässern. Er harmoniert perfekt mit den exotischen Aromen der Ananas.

Für den Biskuitboden: 3 Eier
100 g Zucker • 1 Päckchen Vanillezucker
50 g Weizenmehl • 50 g Speisestärke
2 EL Kakaopulver • 1 $1/_2$ TL Backpulver
Zum Tränken: 2 EL Rum
50 ml Ananassaft
Für die Cremefüllung: 1 große Dose Ananasscheiben (850 ml) • 6 Blatt weiße Gelatine • 1 Päckchen Vanille-Puddingpulver • 60 g Zucker • 500 ml Milch
300 g Quark
Für die Verzierung: 200 g Sahne
Einige Ananasstücke

1 Den Backofen auf 220–240 °C (Umluft 190–200 °C, Gas Stufe 4–5) vorheizen. Ein Backblech mit Backpapier auslegen.

2 Die Eier in einer Schüssel aufschlagen und mit dem Handrührgerät in 3 bis 5 Minuten schaumig rühren, Zucker und Vanillezucker einrieseln lassen und in 3 bis 5 Minuten zu einer feinen Schaummasse rühren.

3 Mehl mit Speisestärke, Kakaopulver und Backpulver mischen, sieben, zur Eischaummasse geben und zügig unterheben. Die Biskuitmasse gleichmäßig auf das Backblech streichen. Auf der mittleren Schiebeleiste des Backofens 8 bis 10 Minuten backen. Die Biskuitplatte kurz ruhen lassen. Mit dem Backpapier aufrollen und auskühlen lassen.

4 Die Ananasscheiben in ein Sieb abgießen, gut abtropfen lassen, den Saft auffangen. 1 bis 2 Ananasscheiben für die Verzierung beiseite legen. Die restlichen Scheiben in sehr kleine Stücke schneiden. Die Gelatine in kaltem Wasser etwa 5 bis 10 Minuten quellen lassen. Das Puddingpulver mit 2 Esslöffel Zucker mischen und in etwas Milch auflösen. Die restliche Milch zum Kochen bringen, das aufgelöste Puddingpulver langsam zur Milch gießen, dabei ständig Rühren und nochmals 1 bis 2 Minuten kochen lassen. Den Pudding vom Herd nehmen.

5 Die Gelatine aus dem Wasser nehmen, etwas ausdrücken und in einem Topf mit 100 Milliliter Ananassaft, den Ananasstückchen und dem restlichen Zucker bei geringer Hitze auflösen. Die aufgelöste Gelatine unter Rühren langsam zum Quark geben. Abgedeckt kurz kühl stellen. Sobald die Quarkmasse fest zu werden beginnt, den handwarmen Pudding dazugeben und unterrühren.

6 Die Biskuitrolle auseinanderrollen, vom Backpapier lösen und mit Ananassaft und Rum beträufeln. Die Biskuitplatte mit der Quark-Puddingmasse bestreichen. Den Biskuit in etwa 8 Zentimeter breite Streifen schneiden. Den ersten Streifen zu einer Schnecke rollen. Die weiteren Streifen nacheinander ansetzen und fortlaufend um die Schnecke wickeln. Einen Tortenring oder eine doppelt gefaltete Aluminiumfolie um die Torte legen und 4 bis 6 Stunden abgedeckt kühl stellen.

7 Für die Verzierung die Sahne steif schlagen. Die beiseite gestellten Ananasscheiben in Stücke schneiden. Die Torte mit der Sahne und den Ananasstückchen verzieren.

Apfelmustorte

Für den Biskuit: 4 Eier • 120 g Zucker
60 g Weizenmehl • 60 g Speisestärke
1 TL Backpulver • Butter oder Margarine zum Fetten
Für die Füllung: 2 kg säuerliche Äpfel
100 g Zucker • 200 ml Apfelsaft • Saft und abgeriebene Schale von 2 unbehandelten Zitronen • 2 Päckchen Vanille-Puddingpulver
Für die Verzierung: 1 EL Zitronensaft
100 g Sahne • 1 Päckchen Sahnesteif
1 TL Vanillezucker • 100 g Quark
1–2 unbehandelte Limetten • Etwas Zimt

1 Den Backofen auf 200 °C (Umluft 180 °C, Gas Stufe 3) vorheizen. Eine Springbackform mit Butter oder Margarine fetten.

2 Die Eier in einer Schüssel aufschlagen und mit dem Handrührgerät auf höchster Stufe in 3 bis 5 Minuten schaumig rühren, den Zucker nach und nach einrieseln lassen und weitere 3 bis 5 Minuten zu einer feinen Schaummasse verrühren.

3 Das Mehl, die Speisestärke und das Backpulver mischen, sieben, zur Eischaummasse geben und zügig unterheben. Die Biskuitmasse in die Backform geben und glatt streichen. Auf der mittleren Schiebeleiste des Backofens 25 bis 30 Minuten backen. Den Biskuit in der Backform abkühlen lassen und anschließend vorsichtig aus der Backform lösen.

4 Die Äpfel waschen, schälen und und die Kerngehäuse entfernen. Das Fruchtfleisch in grobe Stücke schneiden. 1 Apfel für die Verzierung beiseite legen. Die Apfelstücke mit dem Zucker, 100 Milliliter Apfelsaft, der Zitronenschale und 5 Esslöffel Zitronensaft in einem Topf zum Kochen bringen. Bei mäßiger Hitze 15 bis 20 Minuten köcheln lassen. Das Puddingpulver in dem restlichen Apfelsaft auflösen, unter Rühren zu den Apfelstücken gießen und weitere 2 bis 3 Minuten schwach kochen lassen, vom Herd nehmen.

5 Den Biskuit zweimal quer durchschneiden und die oberen zwei Lagen abnehmen. Die untere Lage auf eine Platte legen und mit einem Tortenring fest umschließen. Die Apfelmasse jetzt in zwei Portionen teilen, und abwechselnd mit den restlichen Biskuitböden in die Form schichten. Den Biskuit abgedeckt 4 bis 5 Stunden kühl stellen.

6 Den beiseite gelegten Apfel in feine Spalten schneiden und gleich in Zitronensaft wenden. Die Limetten in dünne Scheiben schneiden. Den Tortenring vorsichtig ablösen. Die Sahne mit Sahnesteif und mit dem Vanillezucker steif schlagen und unter den Quark heben. Die Torte mit der Quarkmasse, den Apfelspalten, Limettenscheiben und Zimt verzieren.

TIPP

Der Zitronen- bzw. der Limettensaft verhindert, dass die geschälten Apfelstücke braun werden, und sorgt zugleich für eine Verstärkung des Apfelaromas. So entsteht eine perfekt erfrischende Kombination aus Süße und Säure

TIPP

Zu den fein-säuerlichen Apfelsorten gehören Elstar, Gloster und Jonagold.

INFO

Die verschiedenen Apfelsorten unterscheiden sich im Säuregehalt, in der Konsistenz des Fruchtfleisches oder in Form und Farbe. Einige Sorten benötigen Lagerzeit, um ihren typischen Geschmack zu entfalten.

Brombeer-Limetten-Torte

Für den Biskuitboden: 2 Eier
40 g Zucker • 40 g Weizenmehl
1 TL Backpulver
Für die Cremefüllung: 8 Blatt weiße Gelatine • 500 ml Buttermilch • 50 g Rohrzucker • 2 Eigelb • 1 Prise Salz • Saft von 2 Limetten • 150 g Sahne
Für die Verzierung: 400 g Brombeeren
1 Päckchen Tortenguss • 2 EL Zucker
1 unbehandelte Limette

1 Den Backofen auf 200 °C (Umluft 180 °C, Gas Stufe 3) vorheizen. Den Boden einer Springbackform fetten.

2 Eier aufschlagen und 3 bis 5 Minuten schaumig rühren, Zucker einrieseln lassen und schaumig rühren.

3 Mehl und Backpulver mischen, in die Eischaummasse sieben und unterheben. Die Masse in die Form geben und glatt streichen. In der Backofenmitte 18 bis 20 Minuten backen. In der Form abkühlen lassen.

4 Gelatine in kaltem Wasser 5 bis 10 Minuten quellen lassen, etwas ausdrücken und mit Buttermilch, Zucker, Eigelben, Salz und Limettensaft unter Rühren leicht erhitzen, bis sie aufgelöst ist. Vom Herd nehmen und abkühlen lassen.

5 Sahne steif schlagen. Sobald die Creme fest wird, Sahne darunterheben und auf den Biskuit geben. Abgedeckt 4 bis 6 Stunden kühlen.

6 Brombeeren abspülen. Tortengusspulver mit Zucker mischen und in 1 Esslöffel Wasser auflösen, mit den Beeren unter Rühren kurz aufkochen. Auf der Creme zügig verteilen und abkühlen lassen.

7 Limette in feine Scheiben schneiden, jeweils bis zur Mitte einschneiden, die Schnittstellen nach links und rechts spreizen und auf die Torte setzen.

TIPP

Brombeeren sind nicht nur wegen ihres unverwechselbaren Geschmacks beliebt. Sie sind reich an Vitamin C und A und enthalten wertvolles Magnesium, Kalium und Kupfer.

Buttermilch-Erdbeer-Torte

Für den Biskuitboden: 2 Eier
60 g Zucker • 1 Prise Salz • 1/2 TL Backpulver • 20 g gemahlene Mandeln
50 g Speisestärke • Butter oder
Margarine zum Fetten

Für die Cremefüllung: 10 Blatt weiße
Gelatine • 500 ml Buttermilch
500 g Erdbeerquark • 80 g Zucker
150 g Sahne

Für die Verzierung: 500 g Erdbeeren
1/4 l Maracujasaft • 1 Päckchen Tortenguss
1 EL Zucker • 1 EL Pistanzien

1 Den Backofen auf 200 °C (Umluft 180 °C, Gas Stufe 3) vorheizen. Den Boden einer Springbackform mit Butter oder Margarine fetten.

2 Die Eier in einer Schüssel aufschlagen und mit dem Handrührgerät auf höchster Stufe 3 bis 5 Minuten schaumig rühren, den Zucker und das Salz einrieseln lassen und in weiteren 3 bis 5 Minuten zu einer feinen Schaummasse rühren.

3 Das Backpulver mit dem Mehl mischen, sieben und mit den Mandeln mischen. Alles zu der Eischaummasse geben und zügig unterheben. Die Teigmasse in die Backform geben und glatt streichen. Auf der mittleren Schiebeleiste des Backofens 15 bis 18 Minuten backen. In der Form abkühlen lassen. Den Biskuit aus der Form nehmen, auf eine Platte legen und mit dem Tortenring fest umschließen.

4 Die Gelatine mit kaltem Wasser etwa 5 bis 10 Minuten quellen lassen. Buttermilch mit Quark und Zucker zu einer Creme verrühren.

5 Die Gelatine aus dem Wasser nehmen, etwas ausdrücken und in einem Topf bei geringer Hitze auflösen. 4 bis 5 Esslöffel der Creme zur Gelatine geben und verrühren. Dann die Gelatine unter Rühren langsam zur Creme geben. Abgedeckt kühl stellen.

6 Die Sahne steif schlagen. Sobald die Creme fest zu werden beginnt, die Sahne dazugeben und sorgfältig unterheben. Die Creme auf dem Biskuitboden verteilen und glatt streichen. Nochmals abgedeckt 4 bis 6 Stunden kühl stellen.

7 Die Erdbeeren waschen, Stielansätze entfernen und die Früchte in Scheibchen schneiden. Die Torte mit den Erdbeerscheibchen verzieren. Das Tortengusspulver mit dem Zucker mischen und in etwas Maracujasaft auflösen. Den restlichen Saft zum Kochen bringen und das aufgelöste Tortengusspulver unter ständigem Rühren langsam zu dem heißen Saft gießen. Nochmals unter Rühren aufkochen lassen und vom Herd nehmen. Den heißen Guss zügig auf der Torte verteilen. Mit Pistazien nach Belieben verzieren.

TIPP

Greifen Sie beim Quark für dieses Rezept ebenfalls zur fettreduzierten Variante oder zur Magerstufe. So wird aus dieser Torte ein echt leichter Sommergenuss.

TIPP

Maracujasaft sollte möglichst zuckerfrei sein, da die Früchte bereits reich mit natürlicher Süße gesegnet sind. Saft in guter Qualität erhalten Sie im Reformhaus.

INFO

Buttermilch ist ein etwas dickflüssiges und frisch-säuerlich schmeckendes Milchprodukt, das bei der Herstellung von Süßrahmbutter anfällt. Hierbei werden der beim Buttern übrig gebliebenen Milchflüssigkeit Milchsäurebakterien zugesetzt. Buttermilch ist äußerst fettarm.

Heidelbeertorte

Für den Biskuitboden: 2 Eier
50 g Rohrzucker • 40 g Mehl
40 g Speisestärke • 1/2 TL Backpulver
Butter oder Margarine zum Fetten
Für die Cremefüllung: 6 Blatt weiße Gelatine • 80 g Rohrzucker • Saft von 1/2 Zitrone • 500 g Quark • 500 g frische oder tiefgekühlte Heidelbeeren • 200 g Sahne
Für die Verzierung: Zitronenmelisse Heidelbeeren

1 Den Backofen auf 200 °C (Umluft 180 °C, Gas Stufe 3) vorheizen. Den Boden einer Springbackform mit Butter oder Margarine fetten.

2 Die Eier in einer Schüssel aufschlagen und mit dem Handrührgerät auf höchster Stufe in 3 bis 5 Minuten schaumig rühren, den Zucker nach und nach einrieseln lassen und in weiteren 3 bis 5 Minuten zu einer feinen Schaummasse rühren.

3 Das Mehl, die Speisestärke und das Backpulver mischen, sieben, zur Eischaummasse geben und zügig unterheben. Die Teigmasse in die Backform geben, verteilen und glatt streichen. Auf der mittleren Schiebeleiste des Backofens 18 bis 20 Minuten backen. In der Form abkühlen lassen. Den Biskuit aus der Form heben, auf eine Platte legen und mit dem Tortenring fest umschließen.

4 Die Gelatine in einer Schüssel mit kaltem Wasser 5 bis 10 Minuten quellen lassen. Den Zucker mit Zitronensaft und Quark zu einer Creme verrühren. Die frischen Heidelbeeren gründlich unter fließendem Wasser waschen und abtropfen lassen. Einige Heidelbeeren für die Verzierung beiseite legen. Von den übrigen Heidelbeeren die halbe Menge mit einem Mixer pürieren. Das Heidelbeerpüree in einem Topf bei mäßiger Hitze kurz aufkochen lassen und vom Herd nehmen. Die Gelatine aus dem Wasser nehmen, etwas ausdrücken, zum Heidelbeerpüree geben und verrühren. 4 bis 5 Esslöffel der Quarkcreme zu dem Heidelbeerpüree geben und verrühren, dann das Püree zur Creme geben und ebenfalls verrühren. Die Creme abgedeckt kühl stellen.

5 Die Sahne steif schlagen. Sobald die Creme fest zu werden beginnt, die Sahne und die anderen Heidelbeeren unter die Creme heben. Die Creme auf den Biskuitboden geben und mit einem breiten Messer glatt streichen. Abdecken und 5 bis 6 Stunden oder über Nacht kühl stellen.

6 Vor dem Servieren den Tortenring vorsichtig ablösen. Die Torte mit Heidelbeeren und einigen Blättchen Zitronenmelisse verzieren.

TIPP

Sollten Sie Tiefkühlbeeren verwenden, tauen Sie diese einen Tag vor der Zubereitung der Torte auf. Tiefkühlbeeren müssen selbstverständlich nicht mehr gewaschen werden.

TIPP

Heidelbeeren sollten immer rasch verarbeitet und nur kurz im Kühlschrank aufbewahrt werden, da sie nicht lange halten.

INFO

Heidelbeeren gedeihen in Heide- oder Moorlandschaften sowie in lichten Wäldern. Die in Europa verbreitetste Art ist die Blaubeere. Heute müssen Sie sich nicht mehr in den Wald aufmachen, um dort Blaubeeren zu suchen, da diese ähnlich wie Himbeeren und Erdbeeren in Plantagen angebaut werden. Heidelbeeren sind reich an Vitamin C und Kalium, sowie Kalzium und Phosphor.

Rotweintorte

TIPP

Sahneersatz ist pflanzlicher Herkunft und wird beispielsweise aus Sojabohnen hergestellt. Er hat einen wesentlich geringeren Fettgehalt als normale Sahne.

TIPP

Diese Torte ist ideal für einen Tee- oder Kaffeenachmittag mit Gästen oder auch als feiner Abschluss für ein Menü. Für Kinder ist sie aufgrund ihres Alkoholgehalts nicht geeignet.

Für den Biskuitboden: 2 Eier
40 g Rohrzucker • 1 TL Zitronensaft
30 g Mehl • 30 g Speisestärke
$^1/_2$ TL Backpulver • Butter oder
Margarine zum Fetten
Zum Bestreichen: 120 g schwarze
Johannisbeerkonfitüre
Für den Belag: 5 Blatt weiße Gelatine
350 ml lieblicher Rotwein • Saft von
$^1/_2$ Zitrone • 60 g Rohrzucker
500 g Quark
Für die Verzierung: 100 g Sahneersatz
1 Päckchen Sahnesteif • 1 EL Pistazien
1 unbehandelte Zitrone • 12 blaue Trauben

1 Den Backofen auf 200 °C (Umluft 180 °C, Gas Stufe 3) vorheizen. Den Boden einer Springbackform mit Butter oder Margarine fetten.

2 Die Eier in einer Schüssel aufschlagen und mit dem Handrührgerät auf höchster Stufe in 3 bis 5 Minuten schaumig rühren. Weiter rühren, Zucker nach und nach einrieseln lassen, Zitronensaft dazugeben und in weiteren 3 bis 5 Minuten zu einer feinen Schaummasse rühren.

3 Mehl, Speisestärke und Backpulver mischen, sieben und zügig unter die Eischaummasse heben. Den Teig in die Form geben, glatt streichen und auf der mittleren Schiebeleiste des Backofens 15 bis 18 Minuten backen. Den Biskuit in der Backform abkühlen lassen, vorsichtig aus der Form heben, auf eine Platte legen und mit einem Tortenring fest umschließen.

4 Die Johannisbeerkonfitüre in einem Topf erhitzen und den Biskuitboden damit bestreichen.

5 Für den Belag die Gelatine in einer Schüssel mit kaltem Wasser 5 bis 10 Minuten quellen lassen. Den Wein mit Zitronensaft und Zucker in einem Topf zum Kochen bringen und von der Herdplatte nehmen. Die Gelatine aus dem Wasser nehmen, etwas ausdrücken und im heißen Wein unter Rühren auflösen. Die Masse abkühlen lassen. Sobald sie fest zu werden beginnt, den Quark unterrühren und die Masse auf den Biskuit in den Ring geben und glatt streichen. Abgedeckt 4 bis 6 Stunden kühl stellen.

6 Den Sahneersatz mit Sahnesteif steif schlagen, in einen Spritzbeutel füllen und Rosetten auf den Kuchen spritzen. Die Torte mit Pistazien, Zitronenscheiben und blauen Trauben verzieren.

VARIANTE

Für 12 Rotweintörtchen brauchen Sie 250 g Mehl, 125 g Butter, 60 g Zucker, 1 Prise Salz und 1 Ei sowie Hülsenfrüchte. Heizen Sie den Backofen auf 180 °C (Umluft 160 °C, Gas Stufe 2) vor und fetten Sie ein Muffinbackblech. Das Mehl in eine Schüssel sieben und in die Mitte eine Mulde drücken. Butter in Flöckchen, Zucker und Salz auf dem Mehlrand verteilen. Das Ei in die Mulde geben und alles verkneten. Den Teig in 12 Stücke teilen und in die Formen drücken. Mit Hülsenfrüchten befüllen und in der Backofenmitte 20 bis 25 Minuten blindbacken. Hülsenfrüchte entfernen. Rotweincremezubereiten, auf die Törtchen verteilen und verzieren.

Italienische Torte

Für den Rührteigboden: 40 g Butter
40 g Zucker • 1 Päckchen Vanillezucker
1 Prise Salz • 1 Ei • 1 Eiweiß
60 g Mehl • 1 TL Backpulver
Für die Cremefüllung: 9 Blatt weiße Gelatine • 250 g Joghurt • 500 g Sauerrahm (10 % Fett) • 150 g Zucker
3 EL Instant-Kaffeepulver
150 g Sahneersatz
Für die Verzierung: Schoko-Kaffee-Bohnen

1 Ofen auf 200 °C (Umluft 180 °C, Gas Stufe 3) vorheizen. Eine Springform fetten.

2 Butter, Zucker, Vanillezucker und Salz schaumig rühren. Ei und Eiweiß unterrühren. Gesiebtes Mehl und Backpulver unterrühren. Den Teig in die Form streichen. In der Ofenmitte 15 bis 20 Minuten backen. Etwas abkühlen lassen und aus der Form nehmen. Mit einem Tortenring fest umschließen.

3 Gelatine in kaltem Wasser 5 bis 10 Minuten quellen lassen. Joghurt mit Sauerrahm und Zucker zu einer Creme verrühren. Gelatine etwas ausdrücken und mit dem Kaffeepulver und 50 Milliliter Sahneersatz in einem Topf bei geringer Hitze auflösen. Gelatine unter Rühren langsam zur Creme geben. Abgedeckt kühl stellen. Restlichen Sahneersatz steif schlagen. Sobald die Creme fest zu werden beginnt, den Sahneersatz unter die Creme heben. Creme auf dem Teigboden verteilen. Abgedeckt 4 bis 5 Stunden, besser über Nacht, kühl stellen.

4 Vor dem Servieren den Tortenrahmen vorsichtig ablösen. Mit Schoko-Kaffee-Bohnen verzieren.

TIPP

Sie können für diese Torte auch ein Backblech mit Backpapier auslegen und eine Herzkuchenform daraufstellen. Dafür können Sie später auf den Tortenring verzichten.

Leichte Schwarzwälder Kirschtorte

Für den Biskuitboden: 4 Eier
150 g Zucker • 1 Prise Salz • 75 g Mehl
25 g Speisestärke • 25 g Kakao
Für die Füllung: 750 g Kirschen
5 Blatt weiße Gelatine • 30 g Speisestärke
350 ml Kirschsaft • 200 g Sahne
2 Päckchen Sahnesteif • 400 g Quark
25 g Zucker • 4 EL Kirschwasser
Für die Verzierung: 100 g Sahne
2 Päckchen Sahnesteif • 200 g Quark
2 EL Bitterschokolade oder
Schokostreusel • 12 Kirschen

1 Ofen 200 °C (Umluft 180 °C, Gas Stufe 3) vorheizen. Den Boden einer Springform fetten. Die Kirschen in ein Sieb geben und abtropfen lassen. 14 bis 16 Kirschen für die Verzierung auswählen und beiseite legen.

2 Die Eier in einer Schüssel aufschlagen und mit dem Handrührgerät in 3 bis 5 Minuten schaumig rühren, Zucker und Salz einrieseln lassen und in weiteren 3 bis 5 Minuten zu einer feinen Schaummasse rühren.

3 Mehl mit Speisestärke und Kakao mischen, sieben, zur Eischaummasse geben und zügig unterheben. Die Biskuitmasse in die Backform geben und glatt streichen. In der Backofenmitte 25 bis 30 Minuten backen. In der Form abkühlen lassen.

4 Den Biskuit aus der Form heben und zweimal quer durchschneiden. Die oberen zwei Lagen abnehmen, die untere Lage auf eine Platte legen und mit einem Tortenring fest umschließen. Die Gelatine in kaltem Wasser 5 bis 10 Minuten quellen lassen.

5 Die Speisestärke in etwas Kirschsaft auflösen. Den restlichen Saft zum Kochen bringen. Die aufgelöste Speisestärke unter Rühren nach und nach dazugießen und aufkochen, bis der Saft eindickt. Die übrigen Kirschen dazugeben, 4 bis 5 Minuten bei mäßiger Hitze köcheln lassen und abkühlen lassen.

6 Die Sahne mit Sahnesteif steif schlagen. Quark und Zucker verrühren. Gelatine ausdrücken und bei geringer Hitze auflösen. 3 bis 4 Esslöffel Quark zur Gelatine geben und verrühren. Dann die aufgelöste Gelatine langsam zum Quark rühren. Abgedeckt kühl stellen. Sobald die Masse fest zu werden beginnt, die Sahne unterheben.

7 Die Biskuitböden mit Kirschwasser beträufeln. Die Kirschmasse auf dem unteren Biskuitboden verteilen. Ein Viertel der Quarksahnecreme über die Kirschmasse streichen. Den mittleren Biskuitboden auflegen, dick mit der Creme bestreichen und den oberen Biskuitboden auflegen. 4 bis 5 Stunden abgedeckt kühl stellen.

8 Den Tortenring ablösen. Die Schokolade raspeln. Die Sahne mit Sahnesteif steif schlagen, mit Quark mischen, die Torte überziehen, mit den Schokoraspeln oder -streuseln und den Kirschen verzieren.

TIPP

Für dieses Rezept können Sie frische Früchte oder Kirschen aus dem Glas bzw. der Konserve verwenden. Konservierte Früchte sollten gut abgetropft verarbeitet werden. Frische Kirschen vor der Weiterverarbeitung entsteinen!

TIPP

Tupfen Sie mit dem Spritzbeutel kleine Sahnerosetten kreisförmig auf die Torte und setzen Sie auf jeden Sahnetupfer eine Kirsche.

Torten ohne Backen

Joghurt-Rehrücken

Für die Cremefüllung: 75 g schwarze Johannisbeeren • 10 Blatt weiße Gelatine 2 EL Cassis (Schwarzer Johannisbeer-Likör) • 300 g Joghurt • 3 EL Schwarzes Johannisbeergelee • 2 EL Zitronensaft 350 g Joghurt • Mark von 1 Vanilleschote 200 g Sahne • 1 Päckchen Vanillezucker
Für den Tortenboden: 120 g Schokoladen-Butterkekse
Für die Verzierung: 100 g Sahne 1 TL Sahnesteif • 10–12 schwarze Johannisbeerdolden

1 Eine Rehrückenbackform (erhältlich im Fachhandel) möglichst faltenfrei mit Frischhaltefolie auslegen. Die Johannisbeeren waschen, abtropfen lassen und entstielen. Je 5 Blatt Gelatine getrennt in zwei Gefäßen in etwas kaltem Wasser 5 bis 10 Minuten quellen lassen. Eine Portion Gelatine aus dem Wasser nehmen, etwas ausdrücken und in einem Topf bei geringer Hitze in 2 Esslöffel Wasser auflösen. Vom Herd nehmen und den Likör zur aufgelösten Gelatine geben und verrühren. Den Joghurt unter das Johannisbeergelee rühren. 3 bis 4 Esslöffel Joghurt zur Gelatine geben und unterrühren, dann die Gelatine unter Rühren löffelweise zum Joghurt-Johannisbeergelee geben. Die Johannisbeeren dazugeben und unterheben. Abgedeckt kühl stellen.

2 Die zweite Portion Gelatine aus dem Wasser nehmen, etwas ausdrücken und in einem Topf bei geringer Hitze mit dem Zitronensaft auflösen. Anschließend vom Herd nehmen. Den Joghurt und das Vanillemark verrühren. 3 bis 4 Esslöffel Joghurt zur Gelatine geben und unterrühren, dann die Gelatine unter Rühren löffelweise zum Joghurt geben. Abdecken und kühl stellen.

3 Die Sahne mit dem Vanillezucker steif schlagen. Die Sahne-Zuckermischung halbieren. Je eine Sahnehälfte unter den Johannisbeer- und unter den Vanillejoghurt heben. Die Johannisbeercreme in die Form geben und mit einem breiten Messer glatt streichen. Dann die Vanillecreme über der Johannisbeercreme verteilen. Die zwei Cremeschichten mit einer Gabel in kreisförmigen Bewegungen grob ineinanderziehen. Dabei entsteht ein Marmormuster. Die Creme glätten und zum Abschluss die Butterkekse auflegen. Abdecken und 4 bis 6 Stunden oder noch besser über Nacht kalt stellen.

4 Vor dem Servieren die Rehrückentorte auf eine Platte stürzen und die Folie abziehen. Die Sahne mitsamt dem Sahnesteif steif schlagen, in einen Spritzbeutel geben und Rosetten auf die Torte spritzen. Mit den Beeren verzieren, in Stücke teilen und servieren.

TIPP

Das Mark einer Vanilleschote entfernen Sie folgendermaßen: Schlitzen Sie die Schote mit einem scharfen kleinen Messer längs auf und schaben Sie mit dem Messerrücken das Mark heraus. Die Schote können Sie aufheben und damit beispielsweise Vanillezucker herstellen (→ Seite 12).

TIPP

In Frankreich verwendet man Schwarze Johannisbeeren zur Herstellung des berühmten Cassis-Likörs (→ Seite 60).

INFO

Schwarze Johannisbeeren gehören wie die rote Johannisbeere zu den Stachelbeergewächsen. In Österreich nennt man sie Ribisel, in Schwaben Träuble und in der Schweiz Meertrübeli. Namensgeber im Deutschen ist der Johannistag am 24. Juni, da um diese Zeit die ersten Johannisbeeren reif werden.

Melonentorte

Für den Tortenboden: 200 g Zwieback 100 g Joghurtbutter • 2 EL Obstbrand **Für die Cremefüllung:** 200 g Fruchtfleisch einer Galiamelone • 200 g Fruchtfleisch einer Wassermelone • 10 Blatt weiße Gelatine • 400 g Frischkäse (5 % Fett) • 100 g Puderzucker • 150 g Sahne **Für die Verzierung:** 200 g Melonenfruchtfleisch • Minzeblätter

1 Einen Tortenring auf eine Platte legen. Den Zwieback fein zerbröseln. Die Butter in einem Topf bei mäßiger Hitze zum Schmelzen bringen. Die Zwiebackbrösel mit der Butter und dem Obstbrand vermischen, auf die Tortenplatte im Ring streichen und leicht andrücken.

2 Die Gelatine in kaltem Wasser 5 bis 10 Minuten quellen lassen. Das Melonenfruchtfleisch pürieren und mit dem Frischkäse und dem Puderzucker zu einer Creme rühren. Die Gelatine aus dem Wasser nehmen, etwas ausdrücken und in einem Topf bei geringer Hitze auflösen. 4 bis 5 Esslöffel Creme zur Gelatine geben und verrühren. Dann die Gelatinemasse unter Rühren langsam zu der Creme geben. Abgedeckt kühl stellen.

3 Die Sahne steif schlagen. Sobald die Creme fest wird, die Sahne unter die Creme mischen. Die Creme auf die Brösel in der Backform geben und gleichmäßig verteilen. Abgedeckt 4 bis 6 Stunden, besser über Nacht, kühl stellen.

4 Mit einem Kugelausstecher aus der Melone Kugeln herausschälen. Die Torte mit Melonenkugeln und Minzeblättern verzieren.

TIPP

Für dieses Rezept benötigen Sie als Küchenhilfe einen Pürierstab. Mit ihm mixen Sie die Melone, und Sie können mit seiner Hilfe auch ganz rasch den Zwieback zerbröseln.

Johannisbeerquarktorte ➜

Für den Tortenboden: 400 g Waffelröllchen mit Haselnusscremefüllung
100 g Löffelbiskuits • 80 g Butter
Für die Cremefüllung: 250 g rote Johannisbeeren • 2 Päckchen rote Götterspeise (Himbeer- oder Kirschgeschmack)
200 g Zucker • 100 ml Johannisbeersaft
3 EL Zitronensaft • 500 g Magerquark
250 g Sahne
Für die Verzierung: 200 g Sahne
1 Päckchen Sahnesteif • Einige kleine Himbeer- oder Melissenblättchen

1 Einen Tortenring auf eine Platte legen. 10 Waffelröllchen mit einem Messer klein hacken. Die restlichen Waffelröllchen für die Verzierung beiseite legen. Die Löffelbiskuits in einen Gefrierbeutel geben und mit dem Nudelholz zerbröseln. In einem Topf die Butter bei geringer Hitze zerlassen. Die Gebäckbrösel dazugeben, mit der Butter mischen, auf der Platte verteilen und andrücken. Abgedeckt 1 Stunde kalt stellen.

2 Die Johannisbeeren in ein Sieb geben, waschen und abtropfen lassen. 50 Gramm Beeren für die Verzierung beiseite legen. Das Götterspeisenpulver und den Zucker vermischen, in etwas Wasser auflösen, mit 150 Milliliter Wasser und dem Saft in einen Topf geben und 10 Minuten quellen lassen. Dann bei mittlerer Temperatur erhitzen und rühren, bis sich der Zucker gelöst hat. Sofort vom Herd nehmen und abkühlen lassen.

3 Zitronensaft mit dem Quark verrühren. Den Quark unter Rühren zur Götterspeise geben. Die Sahne steif schlagen. Sobald die Götterspeise fest zu werden beginnt, sofort die Sahne und die restlichen Beeren unterheben. Die Masse auf die Bodenlage geben, innerhalb des Tortenrings verteilen und glatt streichen. Abgedeckt 4 bis 6 Stunden, besser über Nacht, kalt stellen.

4 Den Tortenring vorsichtig ablösen. Die restlichen Waffelröllchen auf halber Länge schräg abschneiden. Die Sahne mit dem Sahnesteif steif schlagen und in einen Spritzbeutel mit Rundtülle geben. Zwei Streifen Sahne rings um die Torte auf den Tortenrand spritzen. Die Waffelröllchen um die Torte herum stellen und in die Sahne drücken. Die Torte weiter mit Sahnetupfen, den restlichen Beeren und Blättchen verzieren.

TIPP

Diese Torte schmeckt auch hervorragend mit schwarzen Johannisbeeren oder gemischten Waldbeeren.

TIPP

Götterspeise ist eine Süßspeise, für deren Herstellung Gelatine verwendet wird. Aufgrund ihrer »wackeligen« Konsistenz nennt man sie auch »Wackelpeter« oder »Wackelpudding«.

INFO

Bei der Quarkherstellung werden der pasteurisierten Milch Milchsäurebakterien und oft Lab zugesetzt, die die Milch eindicken. Zur Herstellung von Speisequark wird die eingedickte Magermilch geschleudert (zentrifugiert). Dabei läuft Molke ab. Anschließend wird der Quark durchgesiebt (passiert), und es entsteht eine zart-cremige Masse. Für Speisequark muss der Quark in der Magerstufe mindestens 18 Prozent Trockenmasse und 12 Prozent Eiweiß beinhalten. Bei Bedarf wird Sahne zugegeben, so dass Speisequarksorten mit verschieden hohen Fettstufen entstehen. Handelsüblich sind die Magerstufe (unter 10 % Fett i. Tr.), Halbfettstufe (20 %) und Fettstufe bzw. Sahnequark (40 %).

Minzcremetorte

Für den Tortenboden: 150 g Löffelbiskuits • 100 g Bitterorangenmarmelade
Für die Creme: 10 Blatt weiße Gelatine
4–5 Stiele frische Minze • 500 ml Buttermilch • 250 g Quark • 250 g Joghurt
3 EL Limetten- oder Zitronensaft
60 g Rohrzucker • 100 g Sahne
Für die Verzierung: einige Minzblätter
1 unbehandelte Limette

1 Einen Tortenring auf eine Platte setzen. Die Löffelbiskuits in einen Gefrierbeutel geben und mit dem Nudelholz zerkleinern. Die Brösel mit der Marmelade vermischen, in die Form geben und andrücken.

2 Die Gelatine in kaltem Wasser 5 bis 10 Minuten quellen lassen. Die Minze waschen, trocken schütteln und abzupfen, 14 bis 16 schöne Blättchen für die Verzierung beiseite legen. Die restlichen Minzeblättchen klein hacken. Die Buttermilch, den Quark, den Joghurt, den Zitronensaft, den Zucker und die gehackte Minze zu einer Creme verrühren. Die Gelatine aus dem Wasser nehmen, etwas ausdrücken und in einem Topf bei geringer Hitze auflösen. 3 bis 4 Esslöffel der Creme zur Gelatine geben und verrühren. Dann die Gelatine unter Rühren löffelweise zur Creme geben. Abdecken und kühl stellen.

3 Die Sahne steif schlagen. Sobald die Creme fest wird, die Sahne unter die Creme heben, in die Form geben und glatt streichen. Abgedeckt 4 bis 6 Stunden oder besser über Nacht kühl stellen.

4 Die Limette heiß abwaschen, abtrocknen und in feine Spalten schneiden. Die Torte mit den Spalten und den Minzeblättern verzieren.

TIPP

Pfefferminzliebhaber können zur Gelatine noch 5 Esslöffel Pfefferminzlikör geben.

Mango-Joghurt-Torte

Für den Tortenboden: 250 g Löffelbiskuits • 100 g Butter
Für die Cremefüllung: 11 Blatt weiße Gelatine • 600 g Joghurt • 70 g Rohrzucker
1 Päckchen Vanillezucker • 200 g Quark
2–3 Mangos • 125 ml Mangosaft • Saft von $1/2$ Zitrone • 200 g Sahne
Für die Verzierung: 1 Mango • 8 Physalis

1 Einen Tortenring auf eine Platte legen. Löffelbiskuits zerbröseln und mit zerlassener Butter vermischen. Auf die Platte geben und andrücken. Je 6 und je 5 Blätter Gelatine 5 bis 10 Minuten quellen lassen. Joghurt mit dem Zucker, Vanillezucker und Quark cremig rühren. Mangos schälen. Fruchtfleisch mit Saft und Zitronensaft mixen. Sahne steif schlagen.

2 6 Blätter Gelatine ausdrücken und auflösen. 4 bis 5 Esslöffel des Fruchtgemischs damit verrühren. Gelatine unter den Fruchtmix rühren. Abgedeckt kühl stellen.

3 5 Blätter Gelatine auflösen und mit der Creme verarbeiten. Abgedeckt kühl stellen. Sahne unter die erstarrende Creme heben.

4 Die Hälfte der Creme auf den Tortenboden streichen. Die Hälfte des Fruchtmixes darüber verteilen. Die übrige Creme mit dem Fruchtmix hineinschichten und mit einer Gabel spiralförmig durchziehen. Abgedeckt am besten über Nacht kühl stellen. Mit den Mangospalten und den Physalis verzieren.

TIPP

Löffelbiskuits zerbröseln Sie am besten, indem Sie sie in einen Gefrierbeutel geben und dann mehrmals mit einem Nudelholz darüberwalzen.

Litschitorte

➜

Für den Tortenboden: 50 g gehackte Mandeln • 80 g Pumpernickel
150 g Löffelbiskuits • 50 g Zucker
50 g Butter
Für die Füllung: 500 g Litschis • 4 EL Scotch Whisky • 6 Blatt weiße Gelatine
200 g Quark • 30 g Zucker
100 g Sahne • 1 Päckchen Sahnesteif
Für die Verzierung: 100 g Löffelbiskuits

1 Litschis abtropfen lassen und den Saft auffangen, mit Whisky marinieren. Mandeln ohne Fett goldbraun rösten und abkühlen lassen. Pumpernickel und Löffelbiskuits zerbröseln. 100 Gramm davon mit den Mandeln, Zucker und Butter verkneten. Auf einer Platte mit Tortenring glatt drücken. 30 Minuten kühl stellen.

2 Gelatine 5 bis 10 Minuten quellen lassen. 200 Milliliter Litschisaft zum Kochen bringen und vom Herd nehmen. Gelatine auflösen. Litschis dazugeben, durchrühren und auf den Boden geben. Abgedeckt kühl stellen.

3 Quark mit Zucker verrühren. Sahne mit Sahnesteif steif schlagen und unter den Quark heben. Die Quarkmasse auf der Torte glatt streichen und mit den restlichen Bröseln bestreuen. Tortenring abnehmen. Löffelbiskuits um den Rand stellen.

TIPP

Legen Sie die Litschis vor der Weiterverarbeitung etwa 30 Minuten in dem Scotch Whisky ein. So nehmen sie das scharfe Aroma voll auf.

Kiwisahnetorte

Für den Tortenboden: 150 g Zwiebackscheiben • 120 g Butter • 1 EL Zucker
1 Päckchen Vanillezucker
Für Füllung und Verzierung: 3 Blatt weiße Gelatine • 200 g Sahne
30 g Zucker • 100 g Schmant
1–2 EL Rum • 6 gelbe Kiwis
1 Päckchen Tortenguss • 2 EL Zucker

1 Einen Tortenring auf eine Platte legen. Zwieback zerbröseln. Butter zerlassen, vom Herd nehmen und mit den Bröseln, Zucker und Vanillezucker vermischen. Die Masse in den Tortenring geben und andrücken. Abgedeckt 1 Stunde kalt stellen.

2 Die Gelatine in kaltem Wasser 5 bis 10 Minuten quellen lassen. Die Sahne mit dem Zucker steif schlagen. Die Gelatine ausdrücken, bei geringer Hitze auflösen und vom Herd nehmen. Den Schmant dazugeben und verrühren. Gelatinemasse und Rum mit der Sahne cremig rühren. Die Sahnecreme im Tortenring glatt streichen. Abdecken und 4 bis 5 Stunden kalt stellen.

3 Kiwis mit einem scharfen Messer schälen. In Scheiben schneiden und die Scheiben ringförmig und von außen nach innen auf die Torte legen. Den Tortenguss nach Anleitung zubereiten. Den heißen Guss von der Mitte her über den Früchten verteilen. Torte abdecken und kühl stellen. Den Tortenring vorsichtig lösen.

TIPP
Ingwerliebhaber können die Torte mit klein geschnittenen, kandierten Ingwerstücken verzieren.

Bionadetorte

Für den Biskuitboden: 1 fertiger Biskuit (ø 24–26 cm)
Für die Cremefüllung: 2 Dosen Mandarinen (à 314 ml) • 8 Blatt weiße Gelatine • 200 g Frischkäse • 1 Päckchen Vanillezucker • 250 ml Bionade® Ingwer-Orange oder Bio-Limonade Orange
200 g Sahne • 70 g Baiser

1 Den Biskuit auf eine Platte legen und mit einem Tortenring fest umschließen. Die Mandarinen in einem Sieb abtropfen lassen und den Saft auffangen. Die Gelatine in kaltem Wasser 5 bis 10 Minuten quellen lassen. Den Frischkäse mit dem Vanillezucker und der Limonade verrühren. Die Gelatine etwas ausdrücken, mit dem Mandarinensaft bei geringer Hitze auflösen und vom Herd nehmen. Die Gelatinelösung unter Rühren langsam zur Frischkäsemasse geben. Abgedeckt kühl stellen.

2 Die Sahne steif schlagen. Die Baisers in nicht zu kleine Stücke brechen. Sobald die Frischkäsemasse fest wird, die Sahne, die Baisers und die Hälfte der Mandarinenstückchen unter die Frischkäsemasse heben. Die Masse auf den Biskuit geben und glatt streichen. Abdecken und 5 bis 6 Stunden, besser über Nacht, kühl stellen.

3 Die Torte mit den restlichen Mandarinen verzieren.

TIPP
Bionade® ist eine Limonade, die durch Vergärung (Fermentation) von Malz aus kontrolliert biologisch gewonnenen Rohstoffen hergestellt wird. Das Getränk ist erhältlich in den Geschmackssorten Holunder, Litschi, Kräuter, Ingwer-Orange und Forte.

Buttermilch-Guglhupf →

TIPP

Amarettini sind kleine runde und sehr krosse Gebäckstücke, die in Italien zum Espresso oder Cappuccino gereicht werden. Sie werden aus Eischnee, Zucker, Mandeln und Mandellikör hergestellt.

Für den Tortenboden: 100 g Amarettini
60 g Butter
Für die Cremefüllung: 12 Blatt weiße Gelatine • 500 ml Zitronen-Maracuja-Buttermilch • 50 ml Zitronensaft
50 ml Limettensaft • 100 g Zucker
500 g Sahne
Für die Verzierung: Schale von 1 unbehandelten Limette • Schale von 1 unbehandelten Zitrone

1 Einen Tortenring auf Größe einer Guglhupfform einstellen und auf eine Platte legen. Amarettini zerbröseln und mit zerlassener Butter vermengen. Mischung im Tortenring verteilen und andrücken. Abgedeckt kalt stellen.

2 Die Gelatine in kaltem Wasser 5 bis 10 Minuten quellen lassen. Buttermilch, Zitronen- und Limettensaft sowie Zucker miteinander verrühren. Gelatine ausdrücken und auflösen. 3 bis 4 Esslöffel der Buttermilchmischung mit der Gelatine verrühren, dann unter die restliche Buttermilchmischung geben. Abgedeckt kalt stellen und ab und zu umrühren. Die Sahne steif schlagen. Sobald die Buttermilchmischung fest wird, die Sahne unterheben. Die Form kalt ausspülen, aber nicht trocknen. Buttermilchmasse hineingeben und abgedeckt über Nacht kalt stellen.

3 Den Tortenring ablösen. Limette und Zitrone heiß abwaschen, trocken tupfen und mit einem Zestenschneider aus der Schale feine Spiralen schneiden. Eine Schüssel mit heißem Wasser bereitstellen. Die gefüllte Form kurz ins heiße Wasser tauchen und die feste Creme auf die Bodenlage stürzen. Den Guglhupf mit den Zesten verzieren.

Rote-Grütze-Müslitorte

TIPP

Rote Grütze ist eine Spezialität aus Norddeutschland und den skandinavischen Ländern. Die Süßspeise besteht aus verschiedenen roten Früchten, die mit Zucker, Fruchtsaft und Verdickungsmitteln gebunden werden. Fertige rote Grütze finden Sie im Kühlregal.

Für den Tortenboden: 200 g Knusper-Müsli • 150 g weiße Kuvertüre
1 EL Kokosfett
Für die Cremefüllung: 200 g Sahne
500 g Magerquark • 500 g Mascarpone
Saft von 1 Limette • 1 Päckchen Sahnesteif • 100 g Zucker • 1 Päckchen Vanillezucker • 2 unbehandelte Limetten
250 g rote Grütze

1 Müsli zerbröseln, Kuvertüre klein hacken und mit Kokosfett im Wasserbad schmelzen und glatt rühren. Mit dem Müsli vermengen. Die Masse in einem Tortenring abgedeckt kalt stellen.

2 Sahne steif schlagen. Quark mit Mascarpone und Limettensaft cremig rühren. Sahnesteif, Zucker und Vanillezucker mischen und unterrühren. Sahne unter die Creme heben und auf dem Tortenboden verteilen. Abgedeckt 1 Stunde kalt stellen.

3 Limetten in dünne Scheiben schneiden. Torte mit Limettenscheiben und roter Grütze verzieren.

Gemischte Beerentorte

TIPP

Eine Beerenmischung in Tiefkühlqualität enthält üblicherweise Heidelbeeren, Himbeeren, Brombeeren, Erdbeeren sowie rote oder schwarze Johannisbeeren.

Für den Tortenboden: 100 g Löffelbiskuits • 100 g Amarettini • 150 g Butter 25 g gemahlene Mandeln
Für die Cremefüllung: 600 g Beerenmischung • 10 Blatt weiße Gelatine 500 g Joghurt • 125 g Mascarpone 100 g Zucker • 2 Päckchen Vanillezucker 2 EL Zitronensaft • 200 g Sahne
Für die Verzierung: 200 g Sahne

1 Einen Kastenrahmen von 20 mal 40 Zentimeter auf eine Platte legen. Löffelbiskuits und Amarettini zerbröseln. Die Butter zerlassen, mit den gemahlenen Mandeln und den Gebäckbröseln vermengen. Die Bröselmischung auf die Platte geben und andrücken. Abgedeckt 1 bis 2 Stunden kalt stellen.

2 Beeren waschen und in einem Sieb abtropfen lassen. Einige Beeren bzw. Beerendolden für die Verzierung beiseite legen und kühl stellen sowie den Zitronensaft und die Beeren verrühren. Gelatine in kaltem Wasser 5 bis 10 Minuten quellen lassen. Joghurt mit Mascarpone, Zucker und Vanillezucker sowie dem Zitronensaft verrühren. Gelatine ausdrücken, auflösen und vom Herd nehmen. 3 bis 4 Esslöffel der Joghurtmasse zur Gelatine geben und verrühren, dann die Gelatine unter die Joghurtmasse rühren. Abgedeckt kühl stellen. Die Sahne steif schlagen. Sobald die Masse fest wird, die Sahne unterheben. Die Creme auf den Tortenboden streichen. Abgedeckt über Nacht kalt stellen.

3 Den Kastenrahmen vorsichtig abnehmen. Die Sahne steif schlagen und auf die Torte streichen. Mit den Beeren garnieren.

Waffeltorte

➜

TIPP

Die Galiamelone stammt aus Israel und wird auch in Spanien, Frankreich und Italien angebaut. Sie gehört zu den Zuckermelonen, hat eine grün-gelbliche Haut mit einer netzartigen Struktur. Das Fruchtfleisch ist hell, fest und saftig.

Für den Tortenboden: 6 Toastwaffeln
Für die Creme: 6 Blatt weiße Gelatine 2 unbehandelte Limetten • 500 g Magerquark • 250 g Schmant • 75 g Puderzucker • 1 Päckchen Vanillezucker 250 g Sahne
Für den Fruchtbelag: 350 g Erdbeeren 1 große Dose Pfirsiche (850 ml) 1 Galiamelone • 1 Päckchen Tortenguss • 2 EL Zucker
Für die Verzierung: Melissen- oder Minzeblättchen

1 Die Toastwaffeln auf einer Platte aneinander reihen und mit einem rechteckigen Kastenrahmen fest umschließen.

2 Die Gelatine in kaltem Wasser 5 bis 10 Minuten quellen lassen. Die Limetten heiß abwaschen, trocken tupfen und die äußere Schale fein abreiben. Den Saft einer Limette auspressen. In einer Schüssel den Quark mit dem Schmant, dem Puderzucker und dem Vanillezucker sowie der abgeriebenen Limettenschale verrühren. In einem Topf die Gelatine mit dem Limettensaft bei geringer Hitze auflösen und vom Herd nehmen.

3 bis 4 Esslöffel der Quarkmasse zur Gelatine geben und verrühren, dann die Gelatinemasse unter Rühren löffelweise zur Quarkmasse geben und abgedeckt kühl stellen.

3 Die Sahne steif schlagen. Sobald die Masse fest zu werden beginnt, die Sahne unter die Quarkmasse heben. Die Quarkmasse auf der Waffellage verteilen und glatt streichen. Abdecken und 4 bis 6 Stunden oder noch besser über Nacht kalt stellen.

4 Die Erdbeeren waschen und in einem Sieb abtropfen lassen. Die Blütenansätze entfernen und je nach Größe der Früchte ganz lassen, halbieren oder vierteln. Die Pfirsiche in einem Sieb abtropfen lassen und den Saft dabei auffangen. Die Pfirsiche in Spalten schneiden. Die Melone aufschneiden, die Kerne entfernen und mit einem Kugelausstecher aus dem Fruchtfleisch Kugeln herausschälen. Die Früchte auf der Quarkmasse dekorativ verteilen.

5 250 Milliliter Pfirsichsaft für den Guss bereitstellen. Das Tortengusspulver mit dem Zucker vermischen und in etwas Pfirsichsaft auflösen. In einem Topf den restlichen Saft zum Kochen bringen, unter Rühren das aufgelöste Tortengusspulver dazugeben, nochmals kurz aufkochen lassen und vom Herd nehmen.

6 Die heiße Gussmasse von der Mitte her über den Früchten verteilen. Abkühlen lassen und mit frischen Melissen- oder Minzeblättchen verzieren.

TIPP

Das Aufschneiden der gekühlten Torten gelingt ganz leicht, wenn Sie ein großes Messer vorher unter heißes Wasser halten.

Sommerteilchen

Rhabarber-Muffins

Für 12 Muffins

Für den Teig: Butter oder Margarine zum Fetten • 100 g weiche Butter oder Margarine • 125 g Zucker • 1 Päckchen Vanillezucker • 1/2 gestrichener TL Salz 2 Eier • 200 g Weizenmehl • 1 gestrichener TL Backpulver • 2 EL Orangenlikör 3 EL Milch • 50 g Haselnusskrokant
Für den Belag: 300 g Rhabarber Etwas Wasser • Puderzucker zum Bestäuben

1 Die Muffinform gut mit Butter oder Margarine fetten. Wahlweise können Sie auch die im Handel erhältlichen Papierförmchen verwenden, denn durch den Rhabarber werden die Törtchen sehr saftig.

2 Die Rhabarberstängel waschen und mithilfe eines Sparschälers abziehen. Die Stängelenden abschneiden und die Stangen in kleine Stücke schneiden. In einem Topf mit wenig Wasser bei geringer Hitze bissfest garen, abkühlen lassen und beiseite stellen.

3 Den Backofen unterdessen auf 180°C (Umluft 160 °C, Gas Stufe 2) vorheizen.

4 Die weiche Margarine oder die Butter in einer Rührschüssel mit einem Handrührgerät zu einer geschmeidigen Masse rühren. Den Zucker einrieseln lassen, Vanillezucker und Salz hinzufügen und weiterrühren, bis eine cremig-gebundene Masse entsteht. Jedes Ei einzeln in die Schüssel gleiten lassen und in etwa 30 Sekunden auf höchster Stufe verrühren.

5 Das Mehl mit dem Backpulver mischen und zu der Eizuckermischung sieben. Abwechselnd mit dem Likör und der Milch auf mittlerer Stufe unterrühren.

6 Zuletzt den Krokant unterheben. Den Teig in die Papierförmchen oder in die Muffinbackformen streichen. Die Rhabarberstückchen darauf verteilen und leicht andrücken.

7 Die Rhabarbertörtchen auf der mittleren Schiebeleiste des Backofens etwa 20 Minuten backen. Die Törtchen nach dem Backen in der Form etwas auskühlen lassen, vorsichtig herausnehmen und auf einem Kuchengitter abkühlen.

8 Zum Schluss die abgekühlten Törtchen nach Belieben mit Puderzucker bestäuben.

INFO

Rhabarber war ursprünglich als Heilpflanze bekannt und kam von China über Russland nach Europa. Erst vor 250 Jahren entdeckte man in England, dass die Stängel essbar sind. Im April ist Rhabarber erntereif. Er enthält reichlich Vitamin K, aber auch Kalium und Kalzium. Der grüne Rhabarber schmeckt sehr sauer, und der rotstielige Rhabarber mit grünem Stängelfleisch ist eher herb. Der rotstielige Rhabarber mit rotem Stängelfleisch dagegen schmeckt mild und besitzt ein feines Himbeeraroma. Rhabarber eignet sich nicht zum Rohverzehr.

TIPP

Dazu schmeckt eine lauwarme Vanillesoße (nach Packungsanleitung zubereiten), unter die Sie zur Verfeinerung noch steif geschlagene Sahne ziehen können.

TIPP

Beschichtete Muffinformen sind besonders praktisch, da sie nur sparsam gefettet werden müssen und Sie so beim Backen an Fett sparen.

Sanddorntörtchen

TIPP

Natron ist ein Natriumsalz der Kohlensäure, das im Haushalt und zur Gesundheitsvorsorge vielseitige Einsatzmöglichkeiten findet: Als Mittel gegen Sodbrennen ist es ebenso bekannt wie als Bestandteil für Brausetabletten, da es zusammen mit Flüssigkeit schäumend wirkt.

TIPP

Mandeln enthalten reichlich gesunde ungesättigte Fettsäuren und dazu Vitamin E, Ballaststoffe und wertvolles Magnesium.

Für 12 Muffintörtchen

Für den Teig: 250 g Mehl • 2 TL Backpulver • 1 TL Natron • 100 g gehackte Mandeln • 1 Ei • 150 g Puderzucker 125 g weiche Butter • 100 ml Sanddornsaft • Butter oder Margarine zum Fetten
Für die Füllung: 1 Päckchen Sahnesteif 2 EL Zucker • 250 g Mascarpone 2 EL Zitronensaft
Für den Guss: 150 g Puderzucker $^1/_2$ TL Zimt • 1 EL Sanddornsaft 3 EL Zitronensaft

1 Den Backofen auf 180 °C (Umluft 160 °C, Gas Stufe 2) vorheizen. Eine Muffinform gut mit Butter oder Margarine fetten. Mehl, Backpulver und Natron mischen, in eine große Schüssel sieben und mit den Mandeln vermengen.

2 In einer weiteren Schüssel das Ei aufschlagen und leicht verquirlen. Puderzucker zum Ei sieben, die Butter in Stückchen geschnitten und den Saft dazugeben. Alles gründlich miteinander verrühren, zur Mehlmischung geben und großzügig unterheben. Die Teigmasse gleichmäßig in die Vertiefungen füllen und auf der mittleren Schiebeleiste des Backofens 20 bis 25 Minuten backen. Die Törtchen noch 5 Minuten in der Backform ruhen lassen, anschließend vorsichtig herauslösen und auf einem Kuchengitter abkühlen lassen.

3 Für die Creme das Sahnesteif mit dem Zucker mischen und in einer Schüssel mit dem Mascarpone und dem Zitronensaft verrühren. Die Törtchen quer durchschneiden und mit der Creme füllen, abdecken und 30 Minuten kalt stellen.

4 Für den Guss den Puderzucker in eine Schüssel sieben und mit dem Zimt, dem Sanddornsaft und dem Zitronensaft verrühren. Den Guss auf den Törtchen verteilen.

INFO

Sanddorn gedeiht an Gebirgsbächen, aber auch in küstennahen Dünen. Seine Beeren sind äußerst gesund und enthalten 200 bis 900 Milligramm Vitamin C (je nach Sorte). Das ist mehr, als in der gleichen Menge Orange oder Zitrone steckt. Auch der Gehalt an Betacarotin ist beachtlich. Zum rohen Verzehr eignen sich die Beeren allerdings nicht. Am bekömmlichsten und am wohlschmeckendsten ist Sanddorn in Form von Konfitüre oder Saft. Aus Sanddorn wird im norddeutschen Raum auch Wein oder Likör hergestellt. Sanddornsaft, wie er hier in diesem Rezept verwendet wird, erhalten Sie im Reformhaus oder im gut sortierten Supermarkt.
Ein selbst gemachtes Sanddorngelee schmeckt zu Schokoladentorten, zum Frühstück aber auch als Beilage zu pikanten Gerichten. Dazu benötigen Sie: 100 ml Sanddornsaft, 10 Blätter Gelatine, 50 ml Wasser, 1 EL Puderzucker. Sanddornsaft und Puderzucker mit Wasser verrühren und aufkochen. Gelatine einweichen, ausdrücken und im Sanddornsaft auflösen. Das Gelee in ein vorbereitetes Schraubglas geben und gut verschließen.

Südseekonfekt

Für etwa 50 Konfektwürfel (3 × 3 cm)

Für die Biskuitböden: 5 Eier
125 g Rohrzucker • 100 g Mehl
100 g Speisestärke • 1 TL Backpulver
2 EL dunkles Kakaopulver
50 g kandierte Ananas
Für die Verzierung: Etwas kandierte Ananas • Dunkle Kuvertüre

1 Den Backofen auf 200 °C (Umluft 180°C, Gas Stufe 3) vorheizen. Den Boden eines Backblechs fetten und einen Backrahmen daraufsetzen.

2 Eier mit dem Zucker schaumig rühren. Ein Drittel der Masse für den hellen Biskuit beiseite stellen. 60 Gramm Mehl, 60 Gramm Speisestärke, ½ Teelöffel Backpulver und den Kakao zur Eischaummasse sieben und unterheben. Den Teig in die Form streichen und in der Ofenmitte 20 bis 25 Minuten backen. Die übrige Masse mit den restlichen Zutaten zu einem hellen Teig verrühren. Kandierte Ananas klein hacken, unterheben und in 15 bis 18 Minuten backen.

3 Den dunklen Biskuit waagrecht durchschneiden und die drei Böden abwechselnd übereinander schichten. Den erkalteten Biskuit in Würfel schneiden. Mit dunkler Kuvertüre ringsherum bestreichen und mit kandierter Ananas verzieren.

TIPP

Kandierte Ananas erhalten Sie in Konditoreien, wo die Früchte in einem aufwändigen Verfahren in Läuterzucker eingelegt werden.

Beerenmuscheln

TIPP

Sie können auch Johannisbeergelee verwenden, wenn Sie kein Vogelbeergelee zur Hand haben.

TIPP

Auch ein Vogelbeer-Apfel-Gelee ist sehr fein. Nehmen Sie dazu 250 Gramm Vogelbeeren, 250 Gramm in Stücke geschnittener Apfel, abgeriebene Schale von ½ unbehandelten Zitrone, 2 Gewürznelken, 300 Milliliter Wasser und ca. 250 Gramm Gelierzucker. Bereiten Sie das Gelee wie beschrieben zu.

Für ca. 10 Muscheln

Für die Biskuitlagen: 4 Eier
100 g Zucker • 1 Päckchen Vanillezucker
1 Prise Salz • 100 g Mehl • 30 g Speisestärke • ½ TL Backpulver
Für die Glasur: 300 g weiße Kuvertüre
Für die Füllung: 500 g Heidelbeeren
150 g Vogelbeergelee • 250 g Sahne
3 TL Zucker • 1 Päckchen Sahnesteif
250 g Quark (20 % Fett)

1 Den Backofen auf 200 °C (Umluft 180 °C, Gas Stufe 3) vorheizen. Ein Backblech mit Backpapier oder Dauerbackfolie auslegen.

2 Die Eier in einer Schüssel aufschlagen und mit dem Handrührgerät 3 bis 5 Minuten schaumig rühren. Weiter rühren, Zucker, Vanillezucker und Salz einrieseln lassen und in weiteren 3 bis 5 Minuten zu einer feinen Schaummasse rühren.

3 Mehl, Speisestärke und Backpulver gut mischen, sieben, zur Eischaummasse geben und zügig unterheben. Die Teigmasse in einen Spritzbeutel mit Lochtülle füllen und etwa 20 gleich große Teigtupfen auf das Backblech spritzen. Auf der mittleren Schiebeleiste des Backofens 12 bis 15 Minuten backen. Die fertig gebackenen Biskuitlagen auf ein Kuchengitter legen und abkühlen lassen.

4 Die Kuvertüre klein hacken, im Wasserbad schmelzen und auf die Hälfte der Biskuits streichen.

5 Die Heidelbeeren in einem Sieb unter fließendem Wasser abbrausen und abtropfen lassen. Das Vogelbeergelee in einem Topf bei geringer Hitze erwärmen. Die restlichen Biskuits mit der glatten Seite nach oben drehen, mit dem Gelee bestreichen und den Beeren belegen.

6 Die Sahne mit dem Zucker und dem Sahnesteif steif schlagen. Den Quark unter die Sahne heben und in einen Spritzbeutel mit Sterntülle geben. Die Quarksahne auf die Beeren spritzen und die glasierten Biskuits aufsetzen.

Info

Ein leckeres Vogelbeergelee können Sie auch selbst aus 500 Gramm Vogelbeeren (Ebereschenbeeren), 300 Milliliter Wasser, ca. 300 Gramm Gelierzucker und 2 bis 3 Teelöffel Gin herstellen. Dazu die Beeren waschen, von den Dolden abstreifen und in einem Topf mit dem Wasser etwa 25 Minuten bei mittlerer Hitze weich kochen. Die weichen Beeren etwas zerdrücken. Eine Schüssel und ein mit einem Mulltuch ausgelegtes Sieb bereitstellen. Die Beerenmasse ins Sieb geben und über Nacht abtropfen lassen.
Am nächsten Tag das Tuch mit der Beerenmasse noch leicht auspressen. Die Saftmenge mithilfe eines Messbechers abmessen, die gleiche Menge Zucker dazugeben und in einem Topf einige Minuten lang zu Gelee kochen lassen (Geleeprobe: Mit einem Löffel etwas Saftmasse auf einen Porzellanteller geben). Wird die Masse fest, den Gin in die Saftmasse einrühren und diese sofort in vorbereitete Schraubgläser abfüllen.

Pfirsich-Mohn-Törtchen

TIPP

Mohn ist eine Zutat, die nicht in allen Gegenden Deutschlands bekannt ist. Im Westen kennt man ihn kaum und im Osten ist er in Gebäcken und Desserts gar nicht wegzudenken. In der österreichischen Küche ist der Mohn fester Bestandteil vieler Mehlspeisen.

TIPP

Die Gewürzpfirsiche (→ Variante) schmecken fein als süß-saure Beilage zu pikanten Fleischgerichten.

Für 12 Muffins

Für den Teig: 250 g Mehl • 1 TL Backpulver • 1 TL Natron • 1 Päckchen Vanillezucker • 250 g Pfirsichhälften (blanchiert oder aus der Dose) • 1 Ei
80 ml Pflanzenöl • 80 g Zucker
250 g Mohnbackmischung • Butter oder Margarine zum Fetten
Für die Verzierung: 1 Pfirsich
$^1/_2$ Päckchen Vanille-Puddingpulver
250 ml Milch • 125 g Quark
50 g Zartbitter-Kuvertüre

1 Den Backofen auf 180 °C (Umluft 160 °C, Gas Stufe 2) vorheizen. Eine Muffinform gut mit Butter oder Margarine fetten. Mehl, Backpulver, Natron und Vanillezucker mischen und in eine große Schüssel sieben. Die Pfirsichhälften in kleine Stücke schneiden und unter die Mehlmischung heben.

2 In einer weiteren Schüssel das Ei aufschlagen und leicht verquirlen. Öl, Zucker und Mohnbackmischung zugeben, gründlich verrühren, zur Mehlmischung geben und großzügig unterheben. Die Teigmasse gleichmäßig in die Vertiefungen füllen und auf der mittleren Schiebeleiste des Backofens 20 bis 25 Minuten backen. Die Törtchen in der Backform noch 5 Minuten ruhen lassen, dann vorsichtig aus der Form lösen und auf einem Kuchengitter auskühlen lassen.

3 Für die Verzierung den Pfirsich waschen, trocken tupfen, in sechs Spalten schneiden und den Kern entfernen (es können auch zwei Pfirsichhälften aus der Dose verwendet werden). Die Spalten halbieren. Das Puddingpulver in etwas Milch auflösen. Die restliche Milch in einem Topf zum Kochen bringen, das aufgelöste Puddingpulver darunter rühren und 2 bis 3 Minuten kochen lassen. Den Topf vom Herd nehmen und den Pudding abkühlen lassen.

4 Den abgekühlten Pudding mit Quark verrühren und auf den Törtchen verteilen. Die Kuvertüre im Wasserbad bei etwa 50 °C schmelzen. Die Pfirsichstücke halb in die Kuvertüre tauchen und beiseite legen. Die restliche Kuvertüre auf den Törtchen verteilen und die Fruchtstücke auf die flüssige Kuvertüre setzen.

VARIANTE

Pfirsiche sind äußerst vielseitig. Wie wäre es mit eingemachten Gewürzpfirsichen? Dazu benötigen Sie 500 ml weißen Aceto Balsamico, 600 g Zucker, feine Schalenspiralen (Zesten) von je 1 unbehandelten Orange und 1 Limette, 1 Zimtstange, 5 Körner Piment, 1 TL Gewürznelken, 3 Kapseln Kardamom und 1 $^1/_2$ kg Pfirsiche. Bringen Sie den Essig, den Zucker, die Zesten und die übrigen Gewürze in einem Topf zum Kochen. Die Hitze reduzieren und 20 Minuten köcheln lassen. Pfirsiche waschen, blanchieren, kalt abschrecken, häuten, halbieren und entsteinen. Die Pfirsichhälften in den Sud geben und 15 bis 20 Minuten garen lassen. Mit einem Schaumlöffel herausnehmen, in vorbereitete Einmachgläser schichten, mit heißem Sud auffüllen und verschließen.

Watruschki

Für ca. 30 Stück

Für den Teig: 120 ml Milch • 1 Würfel Hefe (42 g) • 1 Prise Salz • 100 g Butter 2 Eier • 100 g Zucker • 2 Päckchen Vanillezucker • $^1/_2$ Päckchen Backpulver 60 g gemahlene Haselnüsse • 500 g Mehl 200 g Hüttenkäse • 2 EL Honig
Für die Verzierung: 100 g Puderzucker 1 TL Wodka oder Zitronensaft 2–3 EL Schokostreusel

1 Milch lauwarm erwärmen. Die Hefe in der Milch auflösen.

2 Salz, Butter in Flöckchen, Eier, Zucker und Vanillezucker, Backpulver und Haselnüsse dazugeben und alles verrühren.

3 Das Mehl einarbeiten. Den Teig abdecken und 20 bis 30 Minuten ruhen lassen. Hüttenkäse und Honig verrühren und beiseite stellen.

4 Den Backofen auf 200 °C (Umluft 180 °C, Gas Stufe 3) vorheizen. Backblech mit Backpapier auslegen.

5 Den Teig auf einer leicht bemehlten Unterlage etwa einen Zentimeter dick ausrollen. Mit einem Rundausstecher 6 bis 7 Zentimeter große Kreise ausstechen. Die Hälfte auf das Backblech legen, den Hüttenkäse darauf verteilen und die restlichen Kreise auflegen. Watruschkis auf der mittleren Schiebeleiste des Backofens 12 bis 15 Minuten goldgelb backen. Auf einem Kuchengitter abkühlen lassen.

6 Puderzucker und Wodka verrühren. Gebäcke damit bestreichen Mit Schokostreuseln bestreuen.

TIPP

Kinder lieben diese Gebäcke, wenn sie statt mit Schokostreuseln mit bunten Zuckerperlen verziert werden. Verwenden Sie für die Glasur dann keinen Alkohol, sondern Zitronensaft oder Himbeersaft (z. B. für eine Glasur in Rosé).

Weiße Himbeertörtchen

TIPP

Rapsöl eignet sich am besten für die Zubereitung dieser Muffins, weil es einen neutralen Geschmack hat.

Für 12 Muffins

Für den Teig: 250 g Mehl • 2 TL Backpulver • 1/2 TL Natron • 60 g weiße Schokolade • 50 g gemahlene Mandeln 250 g Himbeeren • 1 Ei • 60 ml Pflanzenöl 100 g Rohrzucker • 1 Päckchen Vanillezucker • 200 ml Buttermilch 50 ml Himbeerlikör

Für die Verzierung: 150 g weiße Kuvertüre • 12 Himbeeren

1 Den Backofen auf 180 °C (Umluft 160 °C, Gas Stufe 2) vorheizen. Die Muffinform fetten.

2 Mehl, Backpulver und Natron in eine Schüssel sieben. Schokolade klein hacken, mit den Mandeln unter das Mehl mischen. Himbeeren unter die Mehlmischung heben.

3 In einer zweiten Schüssel das Ei aufschlagen. Öl, Zucker, Vanillezucker, Buttermilch und Likör gründlich mit dem Ei verrühren. Mehlmischung großzügig unterheben. Die Teigmasse in die Form füllen und in der Backofenmitte 20 bis 25 Minuten backen. Die Muffins 5 Minuten ruhen lassen und auf einem Kuchengitter abkühlen lassen.

4 Die weiße Kuvertüre zerkleinern und im Wasserbad schmelzen. Die Muffins damit bestreichen und die Himbeeren aufsetzen.

Braune Erdbeertörtchen →

TIPP

Erdbeeren gehören zu den ersten reifen Früchten in unseren Gärten. Genießen Sie das volle Aroma der Erdbeeren in dieser Zeit.

Für 12 Muffins

Für den Teig: 250 g Erdbeeren 250 g Mehl • 2 TL Backpulver • 1/2 TL Natron • 2 EL Kakaopulver • 60 g Vollmilchschokolade • 1 Ei • 80 ml Pflanzenöl • 100 g Rohrzucker • 1 Päckchen Vanillezucker • 1 EL Joghurt • 250 ml Buttermilch

Für die Verzierung: 150 g Sahne 12 mittelgroße Erdbeeren • Etwas Puderzucker zum Bestäuben

1 Beeren klein schneiden. Ofen auf 180 °C (Umluft 160 °C, Gas Stufe 2) vorheizen. Muffinform gut fetten.

2 Mehl, Backpulver, Natron und Kakaopulver mischen und in eine Schüssel sieben. Die Schokolade klein hacken und mit den Erdbeerstückchen unter das Mehl mischen.

3 Ei aufschlagen, Öl, Zucker, Vanillezucker, Joghurt und Buttermilch unterrühren. Die Mehlmischung großzügig unterheben. Teig in die Form verteilen und in der Backofenmitte 20 bis 25 Minuten backen. Die fertigen Muffins 5 Minuten ruhen lassen und auf einem Kuchengitter abkühlen lassen.

4 Die Sahne steif schlagen und in einen Spritzbeutel mit Sterntülle geben. Sahnerosetten auf die Muffins spritzen und mit je 1 Erdbeere garnieren. Etwas Puderzucker in ein Haarsieb geben und die fertigen Törtchen mit Puderzucker bestäuben.

Joghurt-Fruchttörtchen

Für 12 Muffins

Für den Biskuit: 2 Eier • 50 g Zucker
1 Päckchen Vanillezucker • 40 g Mehl
30 g Speisestärke • $^1/_2$ TL Backpulver
Butter oder Margarine zum Fetten
Für Belag und Verzierung: 5 Blatt weiße Gelatine • 300 g Beeren (z. B. Himbeeren, Brombeeren, Heidelbeeren, Erdbeeren, Trauben, Kirschen oder eine fertige TK-Beerenmischung) • 75 g Puderzucker
500 g Rahmjoghurt • Saft von 1 Zitrone
200 g Sahne • 2 Eiweiß

1 Den Backofen auf 200 °C (Umluft 180 °C, Gas Stufe 3) vorheizen. Eine Muffinform gut mit Butter oder Margarine fetten.

2 Die Eier in einer Schüssel aufschlagen und mit dem Handrührgerät in 3 bis 5 Minuten schaumig rühren. Weiter rühren, Zucker und Vanillezucker einrieseln lassen und in weiteren 3 bis 5 Minuten zu einer feinen Schaummasse rühren. Mehl, Speisestärke und Backpulver gut mischen, sieben, zum Eischaum geben und zügig unterheben. Die Teigmasse gleichmäßig in die Vertiefungen füllen. Auf der mittleren Schiebeleiste des Backofens 15 bis 18 Minuten backen. Die fertig gebackenen Biskuits in der Backform 5 Minuten ruhen lassen, dann vorsichtig herauslösen und auf einem Kuchengitter vollständig auskühlen lassen. Die Muffinform reinigen, die Biskuits eben schneiden und wieder in die Form setzen.

3 Die Gelatine in kaltem Wasser 5 bis 10 Minuten quellen lassen. Beeren oder andere Früchte in einem Sieb unter fließendem Wasser waschen und abtropfen lassen. Früchte entstielen, Kirschen entsteinen, größere Früchte halbieren oder vierteln. Einige Fruchtstücke für die Verzierung beiseite legen und die restlichen Früchte gleichmäßig auf den Biskuits verteilen.

4 Den Puderzucker und den Rahmjoghurt verrühren. Die Gelatine aus dem Wasser nehmen, etwas ausdrücken und mit dem Zitronensaft in einem Topf bei geringer Hitze auflösen. 4 bis 5 Esslöffel Rahmjoghurt zur aufgelösten Gelatine geben und verrühren, dann unter Rühren die Gelatine langsam zum Rahmjoghurt geben. Erst die Sahne, dann das Eiweiß steif schlagen. Sobald die Joghurtmasse fest zu werden beginnt, die Hälfte der Sahnemenge und den Eischnee unterheben. Die restliche Sahne für die Verzierung in einen Spritzbeutel geben und kühl lagern. Die Joghurtmasse auf die Gebäckunterteile verteilen. Das Backblech abdecken und 3 bis 4 Stunden oder über Nacht kühl stellen.

5 Törtchen vorsichtig aus der Backform lösen, mit Sahne und Fruchtstückchen verzieren.

INFO

Der Eischnee macht die Sahnemischung schön locker und luftig. Sie können ihn nach Belieben aber auch weglassen. Auch mit Zuckermenge können Sie bei diesem Rezept spielen und sie gegebenenfalls erhöhen.

TIPP

Die Törtchen sind ideal, wenn sich nachmittags Überraschungsbesuch anmeldet. Da sie mit einer relativ kurzen Kühlzeit auskommen, lassen sie sich gut am Vormittag zubereiten.

TIPP

Anstatt zu Rahmjoghurt können Sie auch zu der halbfetten Variante greifen. So werden die Törtchen etwas »schlanker«.

Apfelmuffins

Für 12 Muffins

Für die Muffins: 12 Papierbackförmchen
2 kleine säuerliche Äpfel
170 g Rohrzucker • 1/2 TL Zimt
280 g Weizenmehl
1,5 TL Backpulver • 1/2 TL Salz
100 g Butter • 1 Ei • 250 g Buttermilch
1 Päckchen Vanillezucker
Für die Glasur: 100 g Puderzucker
2–3 EL Zitronensaft • Minzeblättchen

1 Den Backofen auf 200 °C (Umluft 170°C, Gas Stufe 3) vorheizen. Die Vertiefungen einer Muffinbackform mit den Förmchen auslegen.

2 Äpfel schälen, Kerngehäuse entfernen und Fruchtfleisch sehr klein würfeln. Mit 1/2 Teelöffel Zimt und 2 Esslöffeln Zucker bestreuen und beiseite stellen.

3 Mehl sieben und mit 50 Gramm Zucker, Backpulver und Salz mischen. Zerlassene Butter, 100 Gramm Zucker, Ei, Buttermilch und Vanillezucker mischen und unter das Mehl rühren. Apfelstückchen darunter heben. Den Teig in die Formen geben. Muffins in der Ofenmitte 15 bis 18 Minuten backen. Aus dem Puderzucker und dem Zitronensaft eine Glasur anrühren und auf die abgekühlten Muffins streichen.

4 Die abgekühlten Apfeltörtchen vor dem Servieren nach Belieben mit Minzeblättchen dekorieren.

TIPP

Die Zutaten für die Apfelmuffins sind fast immer zur Hand. Auch diese kleinen, feinen Gebäckstücke sind ideal für spontane Backaktionen.

Sterntalertörtchen

Für 6 Törtchen

Für das Grundgebäck: 250 g Mehl
100 g Butter • 60 g Zucker • Abgeriebene Schale von 1 unbehandelten Orange
6 EL Orangenlikör • Hülsenfrüchte zum Blindbacken

Für Belag und Verzierung: 4 reife Sternfrüchte • 100 g Erdbeeren • 250 g Frischkäse • 6 TL Ahornsirup oder Tannenhonig
Etwas Minze

1 Das Mehl in eine Schüssel oder auf eine Backunterlage sieben und in die Mitte eine Mulde drücken. Die Butter in Flöckchen, den Zucker und die abgeriebene Orangenschale auf dem Mehlrand verteilen. Den Orangenlikör in die Mulde geben und alles zu einem Mürbeteig kneten. Den Teig in Folie wickeln und 1 bis 2 Stunden kalt stellen.

2 Den Backofen auf 200 °C (Umluft 180 °C, Gas Stufe 3) vorheizen. Sechs Torteletteförmchen (Durchmesser ca. zehn Zentimeter) fetten. Den Teig in sechs Stücke teilen. Die Teigstücke auf einer leicht bemehlten Unterlage ausrollen und die Förmchen damit auslegen. Den Teig mehrmals mit einer Gabel einstechen. Sechs Backpapierkreise für die Förmchen ausschneiden und auslegen, mit je 2 bis 3 Esslöffel Hülsenfrüchten auffüllen und auf der mittleren Schiebeleiste 15 bis 20 Minuten goldbraun backen. Die fertig gebackenen Tortelettes etwa 10 Minuten in den Förmchen ruhen lassen. Die Hülsenfrüchte und das Backpapier entfernen, die Tortelettes vorsichtig aus den Förmchen lösen und auf ein Kuchengitter legen.

3 Die Erdbeeren abbrausen, abtropfen lassen und die Blütenansätze entfernen. Die Sternfrüchte ebenfalls waschen und trocken tupfen. Die Erdbeeren je nach Größe halbieren, vierteln oder ganz lassen. Die Enden der Sternfrüchte abschneiden und die Früchte in Sternscheiben schneiden.

4 Den Frischkäse glatt rühren und auf den Tortelettes verteilen. Die Tortelettes dekorativ mit den Früchten anrichten, mit Sirup oder Honig beträufeln, mit Minzeblättchen verzieren und gleich servieren.

Info

Eine Dekovariante für Kleingebäck sind Sahnehäubchen mit Karamellschleier. Legen Sie als Unterlage Backpapier über einige Küchengeräte mit rundem Stiel (z. B. Rührlöffel, Schneebesen oder Wellholz). Nehmen Sie 100 Gramm Zucker. Erhitzen Sie in einer Pfanne den Zucker vorsichtig und unter ständigem Rühren, bis er sich verflüssigt und leicht goldbraun wird. Nehmen Sie die Pfanne sofort vom Herd und gießen Sie aus der heißen Masse in dünnem Strahl längs und quer einige Fäden über die gewölbte Unterlage, sodass Sie mehrere gitterförmige Karamellstücke erhalten.
Vor dem Servieren die Sahne steif schlagen und schöne Rosetten auf jedes Gebäckteilchen spritzen. Karamellstücke vorsichtig vom Backpapier lösen und die Sahnehäubchen dekorativ mit den Karamellschleiern verzieren.

TIPP

Genießen Sie die Törtchen am besten ganz frisch gebacken. Sie können die Törtchen übrigens auch mit Karamellsahne befüllen (→ Info).

TIPP

Reife Sternfrüchte erkennen Sie daran, dass die feinen Sterngrate beginnen, sich braun zu färben.

Tortenschnitten-Schnellgebäck

Für 8 bis 10 Schnitten

Für den Teig: 225 g Butter • 3 Eier
250 g Zucker • 1 Prise Salz
100 ml Orangensaft • 250 g Mehl
2 TL Backpulver • 1 Päckchen Vanillezucker • Butter oder Margarine zum Fetten
Zum Bestreichen und Bestreuen:
2–3 EL Zucker
200 g Aprikosenkonfitüre

1 Den Backofen auf 240 °C (Umluft 200 °C, Gas Stufe 4–5) vorheizen. Das Backblech mit Butter oder Margarine fetten oder mit Backpapier auslegen.

2 Die Butter in einer Pfanne zerlassen. Die Eier in einer Schüssel aufschlagen und mit dem Handrührgerät auf höchster Stufe in 3 bis 5 Minuten schaumig rühren. Weiter rühren, Zucker und Salz einrieseln lassen, die zerlassene Butter langsam dazugießen und verrühren. Den Orangensaft ebenfalls dazugeben und sorgfältig unterrühren.

3 Mehl, Backpulver und Vanillezucker mischen, in eine Schüssel sieben, zur Eimasse geben und unterheben. Die Teigmasse gleichmäßig auf dem Backblech verteilen und glatt streichen. Auf der mittleren Schiebeleiste des Backofens 10 bis 15 Minuten backen.

4 Die Gebäckplatte noch etwas auf dem Backblech ruhen lassen und die Hälfte der Platte mit dem Zucker bestreuen. Die Platte auf einem Kuchengitter vollständig auskühlen lassen und in zwei gleich große Stücke teilen.

5 Die Aprikosenkonfitüre in einem kleinen Topf erhitzen und die ungezuckerte Plattenhälfte damit bestreichen. Die gezuckerte Plattenhälfte auf die aprikotisierte Platte setzen. In 8 bis 10 gleich große Stücke schneiden.

VARIANTE

Für eine Fruchtfüllung mit Sahnelage lassen Sie 1 Dose Aprikosenhälften (Abtropfgewicht 500 g) in einem Sieb abtropfen und fangen den Saft in einer Schüssel auf. Fruchtstücke in Spalten schneiden und auf die erste Gebäcklage setzen. Sollte Ihnen ein verstellbarer eckiger Torten- oder Backrahmen zur Verfügung stehen, umschließen Sie damit die Gebäcklage. 250 Milliliter Saft für den Guss beiseite stellen. 1 Päckchen Tortengusspulver und 1 bis 2 Teelöffel Zucker mischen und in etwas Saft auflösen. Den restlichen Saft zum Kochen bringen, das aufgelöste Tortengusspulver unter Rühren langsam zugießen und nochmals kurz aufkochen lassen. Die heiße Gussmasse über den Früchten verteilen. 200 Gramm Sahne mit Sahnesteif steif schlagen und gleichmäßig über die Fruchtlage streichen, sobald diese ganz ausgekühlt ist. Die obere Gebäcklage auflegen. Das Gebäck mit einem scharfen Messer in 8 bis 10 Stücke teilen und servieren.

TIPP

Zutaten für die Fruchtfüllung: 1 Dose Aprikosen (Abtropfgewicht 500 g), 1 Päckchen Tortenguss, 1 bis 2 TL Zucker, 200 g Sahne, 1 Päckchen Sahnesteif

TIPP

Die Fruchtfüllung mit Sahnelage (→ Variante) macht aus dem Schnellgebäck ein etwas aufwendigeres Rezept für echte Schleckermäuler.

Windbeutelbrezeln

Für 6 bis 8 Brezeln

Für den Teig: 60 g Butter • 1 Prise Salz abgeriebene Schale von 1/2 unbehandelten Zitrone • 200 g Mehl • 3 Eier

Für Füllung und Verzierung: 500 g Sahne • 60 g Zucker • 2 Päckchen Vanillezucker • Etwas Puderzucker

1 Den Backofen auf 200 °C (Umluft 180 °C, Gas Stufe 3) vorheizen. Ein Backblech fetten.

2 In einem Topf einen Viertelliter Wasser mit der Butter, dem Salz und der abgeriebenen Zitronenschale zum Kochen bringen. Das Mehl in den Topf sieben und verrühren, bis sich der Teig als feste Masse vom Topfboden löst. Den Teig etwas abkühlen lassen.

3 Die Eier einzeln und zügig unterrühren (braucht allerdings etwas Kraft), wobei das jeweils nächste Ei erst dazugegeben werden darf, wenn sich das vorherige völlig mit dem Teig verbunden hat. Der Teig muss nun goldgelb, glatt und glänzend sein.

4 Den Brandteig in einen Spritzbeutel mit Sterntülle geben. 6 bis 8 etwa gleich große Brezeln mit etwas Zwischenraum direkt auf das Backblech spritzen. Auf der mittleren Schiebeleiste des Backofens 15 bis 20 Minuten backen (den Backofen keinesfalls zu früh öffnen, um ein Zusammensinken der Brezeln zu vermeiden). Die Brezeln etwas abkühlen lassen und noch warm quer durchschneiden.

5 Sahne mit Zucker und Vanillezucker steif schlagen und mit dem Spritzbeutel auf die Gebäckunterteile spritzen. Oberteile auflegen und mit Puderzucker bestäuben.

TIPP

Bei einem Brandteig werden alle Zutaten vor der Zubereitung gekocht. Typisch für den festen Teig sind sein späteres Aufgehen und seine knusprige, lockere Konsistenz.

Belegte Biskuitrolle

Für 12 bis 14 Stücke

Für den Biskuit: 4 Eier • 100 g Rohrzucker • 80 g Mehl • 40 g Speisestärke
1 TL Backpulver
Zum Bestreichen: 300 g rote Johannisbeerkonfitüre
Für die Creme: 8 Blatt weiße Gelatine
500 g Quark (20 % Fett) • 200 g Joghurt (3,5 % Fett) • 125 g Zucker • 100 ml Maracujasaft • 2 EL Kokos- oder Eierlikör
150 g Sahne
Für Belag und Verzierung: 1/2 Charentaismelone • 1/2 Galiamelone • Essbare Blüten (z. B. Gänseblümchen, Veilchen, Kapuzinerkresse, Borretsch)

1 Den Backofen auf 220–240 °C (Umluft 190–200 °C, Gas Stufe 4–5) vorheizen. Ein Backblech mit Backpapier oder Dauerbackfolie auslegen.

2 Die Eier in einer Schüssel aufschlagen und mit dem Handrührgerät in 3 bis 5 Minuten schaumig rühren. Weiter rühren, Zucker einrieseln lassen und in weiteren 3 bis 5 Minuten zu einer feinen Schaummasse rühren.

3 Mehl, Speisestärke und Backpulver mischen und sieben, zur Eischaummasse geben und zügig unterheben. Die Teigmasse gleichmäßig auf dem Backblech verteilen und glatt streichen. Auf der mittleren Schiebeleiste 8 bis 10 Minuten backen. Die fertig gebackene Biskuitplatte kurz ruhen lassen, dann mit der Folie aufrollen und abkühlen lassen. Die Johannisbeerkonfitüre in einem Topf bei geringer Hitze erwärmen.

Die Biskuitrolle auseinanderrollen und mit der Marmelade bestreichen. Die Backfolie etwas vom Biskuitrand lösen. Die Biskuitplatte wieder aufrollen und die Folie dabei nach und nach abziehen. Die Rolle nun in 12 bis 14 Stücke schneiden und die Stücke auf eine Platte legen.

4 Die Gelatine in einem Gefäß mit kaltem Wasser 5 bis 10 Minuten quellen lassen. In einer Schüssel den Quark, den Joghurt, den Zucker, den Maracujasaft und den Likör zu einer Creme verrühren. Die weiche Gelatine aus dem Wasser nehmen, etwas ausdrücken und in einem Topf bei geringer Hitze auflösen. 4 bis 5 Esslöffel der Creme zur Gelatine geben und verrühren, dann die aufgelöste Gelatine unter Rühren zur Creme geben. Die Creme abdecken und kühl stellen. Die Sahne steif schlagen. Sobald die Creme fest wird, die Sahne dazugeben und unterheben. Die Creme auf den Rollenstücken verteilen. Mit einem Kugelausstecher aus dem Melonenfruchtfleisch schöne Kugeln herausschälen und auf den Teilchen dekorativ anrichten. Mit den gesäuberten Blüten verzieren.

INFO

Die Charentaismelone gehört zu den Zuckermelonen. Die Frucht hat etwa dreizehn Zentimeter Durchmesser. Ihre Schale ist hellgrün mit dunkelgrünen Streifen und glatt. Das Fruchtfleisch ist orange und schmeckt mittelsüß und sehr erfrischend. Vor dem Verarbeiten wird die Melone mithilfe eines Löffels säuberlich entkernt.

TIPP

Blüten zu verzehren ist nicht neu. Dabei sind sie nicht nur hübsch anzusehen, sondern haben oft auch gesundheitlich wertvolle Inhaltsstoffe. Viele essbare Blüten wachsen im Sommer im Garten oder auf der Wiese.

TIPP

Farblich machen sich als Dekoration auch Ringelblumen (Calendula) – wie hier auf unserer Abbildung – gut. Sie gehören seit alters her zu den beliebtesten Küchen- und Heilkräutern.

Erdbeerschäumchen

TIPP

Sie können für die Verzierung auch ganze Erdbeeren mit belassenen Blütenansätzen verwenden.

TIPP

Damit die Schäumchen nicht braun werden, schieben Sie einfach ein zweites Backblech knapp über das erste. Das reduziert die Oberhitze.

Für 8 bis 10 Stück

Für die Baiserlagen: 6 Eiweiß
200 g Zucker • 1 TL Zitronensaft
150 g gemahlene Haselnüsse
60 g Speisestärke • 1 Päckchen
Vanillezucker
Für die Füllung: 750 g Erdbeeren
70 g Puderzucker • 250 g Sahne
1 Päckchen Sahnesteif • 1 EL Zucker
250 g Mascarpone
Für die Verzierung: Kandierte Rosenblütenblätter • Einige Melisseblättchen

1 Den Backofen auf 120 °C (Umluft 100 °C, Gas Stufe 1) vorheizen. Ein Backblech mit Backpapier oder Dauerbackfolie auslegen.

2 Die Eiweiße in einer Schüssel mit dem Handrührgerät auf höchster Stufe steif schlagen, dabei den Zucker einrieseln lassen und den Zitronensaft dazugeben.

3 Die gemahlenen Haselnüsse, die Speisestärke und den Vanillezucker mischen, zum Eischnee geben und unterheben. Die Baisermasse in einen Spritzbeutel mit Sterntülle füllen und 16 bis 20 gleich große Rosettenkränzchen auf das Backblech spritzen. Die Kränzchen innen mit der Baisermasse ausfüllen. Auf der mittleren Schiebeleiste im Backofen 1 bis 2 Stunden bei nicht ganz geschlossener Backofentüre – dazu den Kochlöffel einklemmen – trocknen lassen.

4 Die Erdbeeren in einem Sieb unter fließendem Wasser abbrausen, abtropfen lassen und die Blütenansätze entfernen. Ein Drittel der Erdbeeren – idealerweise besonders schöne Früchte – für die Verzierung beiseite legen. Die restlichen Beeren mit dem Puderzucker pürieren.

5 Die Sahne mit dem Sahnesteif und dem Zucker steif schlagen. Das Erdbeerpüree und den Mascarpone unter die Sahne heben und diese Creme auf die Hälfte der Baiserkränzchen verteilen. Die beiseite gelegten und noch ganzen Erdbeeren je nach Größe halbieren oder vierteln. Einige Erdbeerstückchen wieder zurückbehalten, die restlichen auf der Creme verteilen.

6 Die kandierten Rosenblättchen ebenfalls auf der Creme verteilen. Die anderen Baiserkränzchen aufsetzen und die Teilchen mit den übrigen Erdbeerstückchen und Melissenblättchen verzieren.

INFO

Seine luftige und knusprig-leichte Konsistenz ist das typische Kennzeichen für feines Baisergebäck. Für Süße und Stabilität sorgt allein der Zucker, denn ohne ihn würde der Eischnee im Backofen zerfallen. Da das Gebäck so zerbrechlich ist, wird es auch nicht gebacken sondern bei eher geringer Hitze im Backofen getrocknet. Selbstverständlich können Sie die Baisermasse auch mit Nüssen, Schokolade oder Backaromen mischen. Etwas stabiler wird die Baisermasse, wenn Sie sie über dem warmen Wasserbad aufschlagen und dann wieder kalt schlagen.

Gefüllte Mini-Windbeutel

Für 10 bis 12 Stück

Für den Teig: 60 g Butter • 1 Prise Salz Abgeriebene Schale von $^1/_2$ unbehandelten Zitrone • 200 g Mehl • 3 Eier
Für Füllung und Verzierung: 5 Blatt rote Gelatine • 2 EL Cassis (schwarzer Johannisbeerlikör) • 150 g Holunder-Weintraubenkonfitüre • 60 g Rohrzucker 100 g Sauerrahm • 150 g Sahne • 1 Päckchen Vanillezucker • Etwas Puderzucker zum Bestäuben

1 Den Backofen auf 200 °C (Umluft 180 °C, Gas Stufe 3) vorheizen. Ein Backblech fetten oder mit Backpapier auslegen.

2 In einem Topf einen Viertelliter Wasser mit der Butter, dem Salz und der abgeriebenen Zitronenschale zum Kochen bringen. Das Mehl sieben, in den Topf schütten und so lange rühren, bis sich der Teig als fester Klumpen vom Topfboden löst. Den Topf vom Herd nehmen und etwas abkühlen lassen.

3 Die Eier einzeln und zügig unterrühren (braucht allerdings etwas Kraft), wobei das jeweils nächste Ei erst dazugegeben werden darf, wenn sich das vorherige völlig mit dem Teig verbunden hat. Der Teig muss nun goldgelb, glatt und glänzend sein.

4 Den Teig in einen Spritzbeutel mit Lochtülle geben. 10 bis 12 Häufchen mit etwas Zwischenraum direkt auf das Backblech spritzen. Auf der mittleren Schiebeleiste 20 bis 25 Minuten backen. Den Backofen keinesfalls zu früh öffnen, um ein Zusammensinken der Windbeutel zu vermeiden. Die Gebäckstücke auf dem Backblech etwas abkühlen lassen und noch warm quer durchschneiden.

5 Inzwischen die Gelatine in kaltem Wasser 5 bis 10 Minuten quellen lassen. Die Gelatine aus dem Wasser nehmen, etwas ausdrücken und mit dem Cassis in einem Topf bei geringer Hitze auflösen. Unter Rühren die Konfitüre, den Zucker und den Sauerrahm zur Gelatine geben und abkühlen lassen. Die Sahne mit dem Vanillezucker steif schlagen. Sobald die Gelatinemasse fest zu werden beginnt, diese unter die Sahne heben, auf den Gebäckunterteilen verteilen und die Gebäckhäubchen aufsetzen. Den Puderzucker in ein Haarsieb geben und die Windbeutel damit bestäuben.

TIPP

Ein Windbeutelteig kann je nach Geschmack süß oder salzig, gebacken oder auch frittiert werden.

TIPP

Die Beeren des Schwarzen Holunders reifen zwischen August und September. Sie sind reich an Kalium und Vitaminen und erst nach dem Kochen genießbar.

INFO

Sie können eine leckere Holunder-Weintraubenkonfitüre auch selbst herstellen. Nehmen Sie dazu 500 Gramm Weintrauben, 250 Gramm Holunderbeeren und 750 Gramm Gelierzucker und bereiten die Marmelade wie folgt zu:
Trauben und Holunderbeeren in einem Sieb waschen und abtropfen lassen. Die Früchte von den Dolden zupfen und alles in einem Topf etwas zerdrücken. Mit dem Gelierzucker vermischen. Die Mischung abgedeckt über Nacht ruhen lassen. Die Mischung erhitzen und etwa 3 bis 4 Minuten kochen lassen. Die Konfitüre sofort in vorbereitete Schraubgläser abfüllen und verschließen.

Schokobananen

➜

TIPP

Wenn Sie gleich eine größere Menge Schokobananen zubereiten wollen, können Sie einen Teil mit weißer Kuvertüre überziehen. Das sorgt für noch mehr Abwechslung auf dem Gebäckteller.

Für 8 Stück

Für den Teig: 200 g Butter • 2 Eier 50 g Zucker • 1 Päckchen Vanillezucker 30 g Mehl • 40 g Speisestärke • 1 TL Backpulver • 1 Prise Salz
Für den Belag: 4 Bananen • Saft von ½ Zitrone • 75 g rotes Johannisbeergelee 50 g dunkle Kuvertüre • 50 g Vollmilchkuvertüre

1 Den Backofen auf 220–240 °C (Umluft 190–200 °C, Gas Stufe 4–5) vorheizen. Ein Backblech fetten. Butter zerlassen und beiseite stellen.

2 Eier in einer Schüssel aufschlagen und mit dem Handrührgerät in 3 bis 5 Minuten schaumig rühren. Weiter rühren, Zucker und Vanillezucker einrieseln lassen und in 3 bis 5 Minuten zu einer feinen Schaummasse rühren.

3 Mehl, Speisestärke und Backpulver sieben, mit dem Salz und der flüssigen Butter unter den Eischaum heben. Die Teigmasse in einen Spritzbeutel mit Lochtülle füllen und 8 Teile in Bananenform auf das Blech spritzen. In der Backofenmitte 8 bis 10 Minuten backen.

4 Die Kuvertüre im Wasserbad schmelzen. Bananen schälen, der Länge nach halbieren und mit Zitronensaft bestreichen. Die Biskuitunterlagen auf ein Kuchengitter legen. Das Gelee erwärmen und auf den Biskuit streichen. Die Bananenhälften auflegen und die ganzen Teilchen mit Kuvertüre überziehen.

Blätterteigteilchen

TIPP

Den Blätterteig sollten Sie vor der Verwendung auftauen lassen. Das dauert etwa eine Stunde.

Für ca. 20 Stück

Für den Teig: 300 g TK-Blätterteig 200 g Mehl • 100 g Zucker • 1 Msp. Zimt 1 Msp. Salz • 150 g kalte Butter • 1 Eigelb
Für die Verzierung: 100–150 g Nuss-Nougat-Creme • 75 g Puderzucker

1 Den Blätterteig auf einer bemehlten Unterlage ausrollen. Ein Backblech abspülen, nicht abtrocknen. 6 bis 7 Zentimeter große Kreise ausstechen und auflegen.

2 Den Backofen auf 200 °C (Umluft 180 °C, Gas Stufe 3) vorheizen. Mehl sieben und mit Zucker, Zimt und Salz vermischen. Die Butter in Flöckchen mit dem Mehl verkneten und den Teig zu Streuseln zerreiben.

3 Verquirltes Eigelb auf Blätterteigkreise streichen und Streusel darauf verteilen. In der Ofenmitte 12 bis 15 Minuten goldbraun backen und auf einem Kuchengitter abkühlen lassen.

4 Die Unterseite jedes zweiten Teilchens mit Nuss-Nougat-Creme bestreichen und mit den unbestrichenen Teilchen belegen. Blätterteigteilchen mit Puderzucker bestreuen.

Eistorten

Fürst-Pückler-Eistorte

TIPP

Fürst Pückler war Schriftsteller und Gartenkünstler, Dandy und ein bekannter Gourmet im 19. Jahrhundert. Die Eiskreation aus Vanille, Schokolade und Erdbeeren wurde nach ihm benannt.

TIPP

Für das Nektarinenkompott (→ Variante) brauchen Sie: 400 g Nektarinen, 20 g Honig, 50 g Zucker, 100 ml Orangensaft, 20 ml Zitronensaft und die abgeriebene Schale von 1 unbehandelten Orange.

Für den Biskuitmantel: 4 Eier
80 g Rohrzucker • 60 g Mehl
60 g Speisestärke • 1 ½ TL Backpulver
Für die Füllung: 150 g Erdbeeren
130 g Puderzucker • 700 g Sahne • Mark von ½ Vanilleschote • 75 g Zartbitterschokolade
Für die Verzierung: 120 g Sahne
1 EL Zucker • 10–12 Erdbeeren

1 Den Backofen auf 220–240 °C (Umluft 190–200 °C, Gas Stufe 4–5) vorheizen. Ein Backblech mit Backpapierauslegen.

2 Die Eier in einer Schüssel aufschlagen und mit einem Handrührgerät auf höchster Stufe in 3 bis 5 Minuten schaumig rühren, Zucker einrieseln lassen und in weiteren 3 bis 5 Minuten zu einer feinen Schaummasse rühren. Mehl, Speisestärke und Backpulver mischen und sieben. Die Mehlmischung zügig unter die Eischaummasse heben, die Teigmasse auf dem Backblech verteilen und glatt streichen. Auf der mittleren Schiebeleiste des Backofens 8 bis 10 Minuten backen. Die Biskuitplatte abkühlen lassen, auf ein Gitter stürzen und das Backpapier oder die Folie abziehen.

3 Eine Kastenform mit Frischhaltefolie möglichst faltenfrei auslegen und mit den zurechtgeschnittenen Biskuitplatten auslegen. Die Erdbeeren waschen und in einem Sieb abtropfen lassen. Den Puderzucker zur Sahne sieben. Die Sahne steif schlagen und gleichmäßig in drei Schüsseln verteilen. Die Blütenansätze der Erdbeeren entfernen. Die Erdbeeren in einem Mixer pürieren, zur ersten Sahneportion geben und unterrühren, in die Kastenform geben und glatt streichen. Abgedeckt im Tiefkühlfach etwa 20 Minuten frosten.

4 Vanillemark unter die nächste Sahneportion rühren, auf der Erdbeerlage glätten. Abgedeckt weitere 20 Minuten frosten.

5 Die Schokolade mit einem Messer zerkleinern, im Wasserbad bei etwa 40 °C schmelzen und unter die letzte Sahneportion rühren. Die Schokomasse auf die Vanilleschicht geben und glatt streichen. Wer möchte, kann noch eine Schicht Biskuit auflegen. Abdecken und mindestens 6 bis 8 Stunden im Tiefkühlfach frosten.

6 Eistorte 30 Minuten vor dem Servieren nehmen, auf eine Platte stürzen und die Folie abziehen. Sahne mit Zucker steif schlagen, in einen Spritzbeutel geben und die Torte mit Sahnerosetten und Erdbeeren verzieren.

VARIANTE

Eine feine Ergänzung zum Fürst-Pückler-Eis ist Nektarinenkompott. Nektarinen waschen, blanchieren, kalt abschrecken, häuten, halbieren und entsteinen. Fruchtfleisch in Würfel schneiden. In einem Topf Honig, Zucker, Orangensaft, Zitronensaft und Orangenschale bei mittlerer Hitze 5 Minuten köcheln lassen. Die Nektarinenstücke dazugeben und 3 bis 5 Minuten mitköcheln lassen. Noch heiß oder abgekühlt zur Eistorte servieren.

Kasteneistorte

Für den Biskuitmantel: 4 Eier
80 g Rohrzucker • 60 g Mehl
60 g Speisestärke • 1 1/2 TL Backpulver
60 g geriebene Schokolade
Für die Füllung: 2 reife Mangos
250 g Ricotta • 100 g getrocknete Aprikosen • 100 g Schokolade (30 % Kakaoanteil) • 200 g Sahne • 3 EL Puderzucker
Zum Bestreichen: 100 g Ananas- oder Aprikosenkonfitüre

1 Den Backofen auf 220–240 °C (Umluft 190–200 °C, Gas Stufe 4–5) vorheizen. Ein Backblech mit Backpapier oder Dauerbackfolie auslegen.

2 Die Eier in einer Schüssel aufschlagen und mit einem Handrührgerät in 3 bis 5 Minuten schaumig rühren, Zucker einrieseln lassen und in weiteren 3 bis 5 Minuten zu einer feinen Schaummasse verrühren. Mehl, Speisestärke und Backpulver mischen und sieben. Die geriebene Schokolade unter das Mehl mischen. Die Mehlmischung zügig unter die Eischaummasse heben, die Teigmasse auf dem Backblech verteilen und glatt streichen. Auf der mittleren Schiebeleiste des Backofens 8 bis 10 Minuten backen. Die Biskuitplatte abkühlen lassen, auf ein Gitter stürzen und Backpapier oder Folie abziehen.

3 Die Mango schälen, in Streifen schneiden und vom Kern lösen. Die Fruchtstreifen in Würfel schneiden, den Ricotta zugeben und zu einer Fruchtmasse pürieren.

4 Die getrockneten Aprikosen mit einem Messer in Würfel schneiden. Die Schokolade mit einem Messer grob zerkleinern. Die Sahne steif schlagen. Die Aprikosenstücke, die Schokolade, die geschlagene Sahne und den Puderzucker unter die Fruchtmasse heben.

5 Die Kastenform mit den zurechtgeschnittenen Stücken der Biskuitplatte auslegen und diese mit der Ananas- oder Aprikosenkonfitüre bestreichen. Die Fruchtsahnemasse in die Form geben, glatt streichen und den oberen Biskuit auflegen. Die Form abdecken und im Tiefkühlfach mindestens 8 bis 10 Stunden frosten. Etwa 30 Minuten vor dem Servieren aus dem Tiefkühlfach nehmen. Auf eine Platte stürzen und mit einem in heißes Wasser getauchten Messer in Portionsstücke schneiden.

VARIANTE

Zur Kasteneistorte schmecken hauchdünne Crêpes: Die Eier in einer großen Schüssel aufschlagen und zusammen mit dem Mehl, der Prise Salz, dem Zucker, der Milch und der Sahne zu einem glatten Crêpeteig verrühren. Den Teig 30 Minuten ruhen lassen, anschließend nochmals gut durchrühren und zum Schluss das Mineralwasser kurz unterrühren. In einer Pfanne die Butter erhitzen und die Crêpes nacheinander hauchdünn ausbacken. Idealerweise verwenden Sie eine kleine Eisenpfanne speziell für Crêpes. Die hauchdünnen Pfannkuchen können Sie im Backofen bei etwa 60 bis 80 °C kurze Zeit warm halten und frisch zum Eis reichen.

TIPP

Für die Crêpes (→ Variante) benötigen Sie: 3 Eier, 250 g Mehl, 1 Prise Salz, 1 EL Zucker, 300 ml Milch, 100 ml Sahne und einen Schuss stark sprudelndes Mineralwasser sowie etwas Butter zum Ausbacken.

TIPP

Crêpes sind ein Dessertklassiker aus Frankreich. Besonders berühmt sind die flambierten Crêpes Suzette, die einst für den Prinzen von Wales erfunden wurden.

Tiramisù-Eistorte

Für die Eistorte: 100 g Löffelbiskuits
8 EL Rum • 8 Eigelb • 120 g Rohrzucker
400 g Sahne • 300 g Mascarpone
100 ml sehr starker Espresso
Für die Kaffeesauce: 2 Päckchen
Bourbon-Vanillezucker • 200 ml starker
Kaffee • 80 g Zucker • 2–3 EL Mandellikör
Zum Bestreuen: 1–2 EL Kakao

1 Eine Kastenform sehr sparsam mit Öl fetten und faltenfrei mit Frischhaltefolie auslegen. Die Biskuits auf eine Platte legen und mit Rum beträufeln. 5 Minuten ziehen lassen und in 2 Zentimeter lange Stücke schneiden.

2 Eigelbe in 3 bis 5 Minuten schaumig rühren, Zucker einrieseln lassen und 3 bis 5 Minuten weiterrühren. Sahne steif schlagen. 4 bis 5 Esslöffel Mascarpone zum Espresso geben und mit einer Gabel verrühren. Zum restlichen Mascarpone geben, kurz cremig rühren. Creme und Sahne unter den Eischaum heben. Die Biskuitstücke untermischen, die Masse in die Form geben und abgedeckt über Nacht im Tiefkühlfach frosten lassen.

3 Vanillezucker, Kaffee und Zucker unter gelegentlichem Rühren köcheln lassen, bis die Masse dickflüssig ist. Die Sauce vom Herd nehmen, den Likör unterrühren und abkühlen lassen.

4 Vor dem Servieren die Kastenform kurz in warmes Wasser stellen. Die Eistorte auf eine Platte stürzen und die Folie abziehen. Kakaopulver durch ein Haarsieb auf die Eistorte streuen. Die Kaffeesauce in ein Kännchen geben und dazu servieren.

TIPP

Wer Kaffeearomen liebt, ist mit diesem Rezept gut beraten. Das Kaffeepulver in Kombination mit dem Mandellikör verleiht der Eistorte einen bitter-süßen Geschmack.

Maronenparfaittorte →

TIPP

Maronen (Maroni) sind gezüchtete Sorten der normalen Edelkastanie. Die Früchte sind aromatischer und innen weniger gefaltet als wilde Esskastanien.

TIPP

Für die Keksröllchen (→ Variante) brauchen Sie: 60 g Butter, 2 Eiweiße, 80 g Zucker und 40 g Mehl.

Für den Biskuitboden: 3 Eier
80 g Rohrzucker • 40 g Mehl
40 g Speisestärke • 1 TL Backpulver
Für die Parfaitfüllung: 80 g Zucker
350 g geschälte Maroni • Mark von
1 Vanilleschote • 250 g Mascarpone
7 Eigelbe • 80 g Zucker • 400 g Sahne
Zum Verzieren: Schokoröllchen

1 Den Backofen auf 200 °C (Umluft 180 °C, Gas Stufe 3) vorheizen. Den Boden einer Springbackform fetten.

2 Die Eier in einer Schüssel aufschlagen und mit einem Handrührgerät in 3 bis 5 Minuten schaumig rühren, Zucker einrieseln lassen und in weiteren 3 bis 5 Minuten zu einer feinen Schaummasse rühren. Das Mehl, die Speisestärke und das Backpulver mischen und sieben. Die Mehlmischung zügig unter die Eischaummasse heben, die Teigmasse in die Backform geben und glatt streichen. Auf der mittleren Schiebeleiste des Backofens 20 bis 25 Minuten backen. Den Biskuit abkühlen lassen, vorsichtig aus der Form heben, auf eine Platte legen und mit einem Tortenring fest umschließen.

3 In einer Pfanne den Zucker bei mittlerer Temperatur erhitzen, bis sich der Zucker verflüssigt und goldbraun wird. 200 Milliliter Wasser dazugeben, Pfannendeckel aufsetzen und bei geringer Hitze weiter köcheln lassen, bis sich der karamellisierte Zucker aufgelöst hat. Dann die Maroni zugeben und weitere 20 Minuten mitköcheln lassen. Den Topf vom Herd nehmen und die Maroni abkühlen lassen. Ein Viertel der Maroni für die Verzierung beiseite legen. Ein weiteres Viertel der Maroni in Würfel schneiden. Die restlichen Maroni mit dem Zuckersud fein pürieren. Maronipüree, Vanillemark und Mascarpone verrühren.

4 Eigelbe und Zucker in 6 bis 8 Minuten zu einer feinen Schaummasse rühren und mit der Mascarponemasse vermischen. Die Sahne steif schlagen. Die Sahne und die Maroniwürfelchen ebenfalls zur Mascarponemasse geben und unterheben. Die Masse in die Springform auf den Biskuit geben, glatt streichen, abdecken und im Tiefkühlfach mindestens 8 bis 10 Stunden frosten.

5 Die Parfaittorte vor dem Servieren etwas antauen lassen und mit den beiseite gestellten Maroni und den Schokoröllchen verzieren. Am besten mit einem in heißes Wasser getauchten Messer in gleichmäßige Portionsstücke schneiden und servieren.

VARIANTE

Dazu schmecken Keksröllchen: Den Backofen auf 155 °C (Umluft 145 °C, Gas Stufe 1–2) vorheizen. Ein Blech mit Backpapier auslegen. Butter in einer Pfanne zerlassen und etwas abkühlen lassen. Eiweiß mit Zucker steif schlagen, Mehl und Butter dazurühren. 24 Teighäufchen auf das Backblech setzen, diese zu flachen Talern glätten und in der Backofenmitte 5 bis 6 Minuten backen. Taler sofort nach dem Backen über einen Holzstiel rollen.

Eisschnitten

Für den Biskuitboden: 3 Eier
70 g Zucker • 90 g Mehl • 1 TL Backpulver
Für die Füllung: 150 g Sahne
250 g Ricotta • 1 EL Zucker • 1 EL Honig
Saft von 1 Zitrone • 1 EL Ahornsirup
Für die Verzierung: 300 g Himbeeren
100 g Sahne

1 Den Backofen auf 220–240 °C (Umluft 190–200 °C, Gas Stufe 4–5) vorheizen. Ein Blech mit Backpapier oder Dauerbackfolie auslegen. Eier mit dem Zucker schaumig rühren. Mehl und Backpulver sieben und unter den Eischaum heben. Den Teig auf dem Blech glatt streichen. In der Backofenmitte 8 bis 10 Minuten backen. Den Biskuit abkühlen lassen, auf ein Gitter stürzen und das Backpapier abziehen.

2 Sahne steif schlagen. Ricotta, Zucker, Honig und die Hälfte des Zitronensafts cremig rühren. Sahne unterheben.

3 Ahornsirup, 1 Esslöffel Zitronensaft und 3 Esslöffel Wasser verrühren. Den Biskuit mit dem Sirup beträufeln und halbieren. Eine Hälfte auf eine Platte legen. Die Sahnecreme darauf streichen, die andere Biskuitplatte auflegen und abgedeckt 4 bis 6 Stunden frosten.

4 30 Minuten vor dem Servieren aus dem Tiefkühlfach nehmen. Himbeeren waschen und verlesen. Sahne steif schlagen. Die Torte mit der Sahne bestreichen und mit den Himbeeren garnieren.

TIPP

Ahornsirup nennt man den eingedickten Saft des Zuckerahorns. Er stammt aus Nordamerika.

Eisrollenvarianten

Für den Biskuit: 4 Eier • 80 g Rohrzucker
60 g Mehl • 60 g Speisestärke
1 $^1/_2$ TL Backpulver
Für Füllung und Verzierung:
500 ml Vanilleeis • 2 Kaktusfrüchte
200 g Sahne • 1 EL Zucker
Eventuell Schokostreusel

1 Den Backofen auf 220–240 °C (Umluft 190–200 °C, Gas Stufe 4–5) vorheizen. Das Backblech mit Backpapier auslegen. Die Eier in einer Schüssel aufschlagen und mit dem Handrührgerät in 3 bis 5 Minuten schaumig rühren, den Zucker einrieseln lassen und in 3 bis 5 Minuten schaumig rühren. Mehl, Speisestärke und Backpulver sieben. Die Mehlmischung zügig unter die Eischaummasse heben, die Teigmasse auf dem Backblech verteilen und glatt streichen. Auf der mittleren Schiebeleiste des Backofens 8 bis 10 Minuten backen. Die Biskuitplatte 1 Minute ruhen lassen, mitsamt dem Backpapier oder der Folie aufrollen und auskühlen lassen.

2 Die Kaktusfrüchte zwischen Daumen und Zeigefinger nehmen, die Schale mit einem spitzen Messer längs und an den Enden quer rundum einschneiden und abziehen. Eine halbe Kaktusfrucht in Scheiben schneiden, die Scheiben halbieren und für die Verzierung beiseite legen. Das restliche Fruchtfleisch in Würfel schneiden. Die Biskuitrolle auseinanderrollen. Das Eis leicht antauen lassen und auf die Biskuitplatte streichen. Die Kaktusfruchtwürfel auf dem Eis verteilen. Das Backpapier oder die Folie vom Biskuitrand lösen. Die Biskuitplatte wieder aufrollen, dabei das Papier oder die Folie nach und nach abziehen. Die Rolle in Folie verpacken und noch mindestens 1 bis 2 Stunden im Tiefkühlfach frosten.

3 Die Eisrolle vor dem Servieren aus dem Tiefkühlfach nehmen, auf eine Platte legen und die Folie entfernen. Die Sahne mit dem Zucker steif schlagen und in einen Spritzbeutel geben. Die Rolle mit aufgespritzten Sahnetupfen oder -streifen und Fruchtstückchen, evtl. noch mit Schokostreuseln, verzieren. Mit einem in heißes Wasser getauchten Messer in Portionsstücke schneiden und gleich servieren.

VARIANTE 1

500 Milliliter Vanilleeis mit 300 Gramm Brombeeren für die Füllung und Verzierung.

VARIANTE 2

Zitroneneis für die Füllung und dünn geschnittene Spalten einer unbehandelten Limette für die Deko. Oder Fruchteismischungen nach Wahl mit den jeweils passenden Früchten für die Verzierung.

VARIANTE 3

Nusseismischungen nach Wahl mit dünn geschnittenen Spalten einer unbehandelten Zitrone oder Orange für die Verzierung.

TIPP

Sie können für den Biskuit ebenfalls verschiedene Varianten wählen:
1. Unter die Mehlmischung noch 60 Gramm geriebene Schokolade untermischen.
2. Unter die Mehlmischung noch 2 Esslöffel Kakao untermischen.

TIPP

Die Kaktusfrucht mit ihrem erfrischenden Geschmack ist auch unter der Bezeichnung Stachelfeige oder Kaktusbirne im Handel.

Parfait in Rot und Apricot

TIPP

Eine Silikonform ist für diese Parfaits sehr praktisch, so brauchen Sie keine Folieneinlage und außerdem lösen sich die Parfaits später leichter aus der Form.

TIPP

Als Parfait bezeichnet man ein feines Speiseeis, für dessen Zubereitung man keine Eismaschine benötigt.

Für 12 Parfaits

Für die Himbeermasse: 150 g Himbeeren • 2 EL Zitronensaft • 1 Eiweiß
100 g Zucker • 80 g Sahne
1 $^{1}/_{2}$ EL Glukosesirup
Für das Aprikosenparfait: 200 g Aprikosen • 2 EL Zitronensaft • 1 Eiweiß
100 g Zucker • 80 g Sahne
1 $^{1}/_{2}$ EL Glukosesirup
Zum Verzieren: 12 große runde Waffeln oder Kekse • 12 EL Kokosraspeln

1 Die Vertiefungen einer Muffinbackform mit Frischhaltefolie möglichst faltenfrei auslegen.

2 Die Himbeeren in einem Sieb kurz abbrausen und abtropfen lassen. Blütensätze entfernen. Himbeeren mit dem Zitronensaft in einem Mixer pürieren und durch ein Haarsieb streichen.

3 In einer Schüssel das Eiweiß mit 50 Gramm Zucker halbsteif schlagen. Die Sahne steif schlagen. Den restlichen Zucker, den Glukosesirup und 1 $^{1}/_{2}$ Esslöffel Wasser in einem Topf bei hoher Temperatur auf ca. 110 °C erhitzen und vom Herd nehmen. Unter Rühren den Eischnee löffelweise dazugeben. Diese Masse im Eiswasserbad kalt rühren. Das Himbeerpüree zur Eiweißmasse geben und unterheben, dann die Sahne dazugeben und ebenfalls unterheben. Diese Masse gleichmäßig in die Backblechvertiefungen füllen, abdecken und 10 bis 15 Minuten ins Tiefkühlfach stellen.

4 Die Aprikosen in ein Sieb geben und kurz ins kochende Wasser tauchen. Mit einem spitzen Messer häuten. Aprikosen halbieren, Kerne entfernen und das Fruchtfleisch in Stücke schneiden. Mit dem Zitronensaft pürieren und durch ein Haarsieb streichen.

5 Eiweiß mit 50 Gramm Zucker halb steif schlagen. Sahne steif schlagen. Den restlichen Zucker, den Glukosesirup und 1 $^{1}/_{2}$ Esslöffel Wasser in einem Topf auf ca. 110 °C erhitzen und vom Herd nehmen. Unter Rühren den Eischnee löffelweise dazugeben. Auch diese Masse im Eiswasserbad kalt rühren. Das Aprikosenpüree zur Eiweißmasse geben und unterheben, dann die Sahne unterheben. Nun die Aprikosenmasse auf die Himbeerschichten in der Muffinform verteilen. Abgedeckt 6 bis 8 Stunden im Tiefkühlfach frosten.

6 Vor dem Servieren Waffeln oder Kekse auf Portionsteller legen. Die Backform auf ein mit heißem Wasser getränktes Handtuch legen. Die Parfaitportionen zügig aus den Backblechvertiefungen nehmen, auf die Waffeln oder Kekse in den Portionstellern stürzen und die Folien abziehen. Mit je 1 Esslöffel Kokosraspeln garnieren und gleich servieren.

INFO

Glukosesirup können Sie selbst herstellen. Für 100 Milliliter Sirup brauchen Sie 64 Gramm Traubenzucker. Mit 36 Milliliter Wasser und 1 Esslöffel Glycerin (aus der Apotheke) aufkochen, in ein Glas abfüllen.

Sommerfrüchte-Nusseis-Torte

TIPP

Für Walnuss- oder Haselnusseiscreme (→ Variante) brauchen Sie 500 ml Sahne- oder Vanilleeiscreme, 250 g Walnuss- oder Haselnusskerne und 100 g Zucker.

TIPP

Für die Verzierung eignen sich kernlose Weintrauben (grün oder blau), Kiwischeiben, Himbeeren, Heidelbeeren, Sternfrucht und ein paar Blättchen Zitronenmelisse.

Für den Rührteigboden: 4 Eier
150 g Butter • 100 g Zucker • 1 EL Weizenmehl • 1 TL Backpulver • 1 Prise Salz
200 g gemahlene Haselnüsse • 2 EL Kakao
Butter oder Margarine zum Fetten
Für die Füllung: 500 g Sommerfrüchte Ihrer Wahl • 800 g Hasel- oder Walnusseiscreme
Für die Verzierung: 250 g Sahne
1 EL Zucker • 1 Päckchen Bourbon-Vanillezucker • 2 EL Eierlikör
50 g Pistazienkerne

1 Den Backofen auf 180 °C (Umluft 160 °C, Gas Stufe 2) vorheizen. Eine Springbackform mit Butter oder Margarine fetten.

2 Die Eier trennen. In einer Schüssel die Eiweiße steif schlagen und beiseite stellen. Die Butter in Stücke schneiden und in einer zweiten Schüssel schaumig rühren. Unter Rühren den Zucker löffelweise einrieseln lassen, dann die Eigelbe dazugeben und 3 bis 5 Minuten weiterrühren bis die Masse einen hellen Farbton angenommen hat.

3 Das Mehl mit dem Backpulver und dem Salz mischen, zur Buttermasse sieben, die gemahlenen Nüsse und das Kakaopulver dazugeben und alles sorgfältig unter die Buttermasse rühren. Eiweiß zum Teig geben und unterheben. Die Teigmasse in der Backform verteilen und glatt streichen. In der Backofenmitte 35 bis 40 Minuten backen. Den Boden abkühlen lassen, vorsichtig aus der Form lösen und auf ein Kuchengitter legen.

4 Die Früchte waschen und putzen. Ausreichend dekorative Früchte für die Verzierung beiseite legen. Die Eiscreme in eine Schüssel geben und etwas antauen lassen. Den Tortenboden einmal quer durchschneiden. Eine Gebäcklage auf eine Platte legen und mit dem Tortenring fest umschließen. Die restlichen Früchte unter die Eiscreme mischen. Creme auf dem Tortenboden glatt streichen. Den zweiten Tortenboden auflegen, die Torte abdecken und mindestens 4 bis 6 Stunden im Tiefkühlfach frosten.

5 Die Eistorte etwa 30 Minuten vor dem Servieren aus dem Tiefkühlfach nehmen. Die Sahne mit dem Zucker und dem Vanillezucker steif schlagen und 3 bis 4 Esslöffel Sahne in einen Spritzbeutel geben. Den Tortenring vorsichtig lösen. Die Eistorte mit Sahne überziehen, Sahnetupfen oder -rosetten aufspritzen und alles mit Fruchtstückchen und Pistazien verzieren. Die Torte eventuell noch mit Eierlikör beträufeln, mit einem in heißes Wasser getauchten Messer in Stücke teilen und gleich servieren.

VARIANTE

Für die Nusseisvariationen die Nusskerne klein hacken. In einer Pfanne den Zucker erhitzen, bis er sich goldbraun verflüssigt. Nüsse darunterrühren und alles auf eine Backfolie streichen. Die Masse erkalten lassen und klein hacken. Eis cremig rühren, Nussmasse unterrühren und frosten.

Stracciatellarolle

Für 8 Stücke

Für den Biskuit: 4 Eier • 100 g Zucker 60 g Mehl • 60 g Speisestärke • 1 TL Backpulver • 100 g grob geraspelte Schokolade
Für Eisfüllung und Verzierung: 100 g Sahne • 50 g grob geraspelte Schokolade • 500 g Vanilleeis • Schokostreusel und Gebäckröllchen

1 Backofen auf 220–240 °C (Umluft 190–200 °C, Gas Stufe 4–5) vorheizen. Ein Blech mit Backpapier auslegen. Eier aufschlagen und in 3 bis 5 Minuten schaumig rühren, Zucker einrieseln lassen und in weiteren 3 bis 5 Minuten schaumig rühren.

2 Mehl, Speisestärke und Backpulver mischen, sieben, mit der geraspelten Schokolade mischen, zur Schaummasse geben und unterheben. Den Teig auf dem Blech glatt streichen. In der Backofenmitte 8 bis 10 Minuten backen. Die Biskuitplatte kurz ruhen lassen, mit dem Papier aufrollen und abkühlen lassen.

3 Die Sahne steif schlagen und in einen Spritzbeutel mit Sterntülle geben. Die Biskuitrolle auseinanderrollen. Schokoraspel mit dem Eis vermischen und auf den Biskuit streichen. Die Biskuitplatte etwas von dem Papier lösen, wieder aufrollen und das Papier dabei Stück für Stück abziehen.

4 Die Eisrolle mit einem in heißes Wasser getauchten Messer in vier etwa gleich große Stücke teilen, diese schräg halbieren, mit gespritzter Sahne, Schokostreuseln und Gebäckröllchen nett auf Portionstellern anrichten und sofort servieren.

TIPP

Dauerbackfolie sorgt ebenso wie Backpapier dafür, dass nichts am Blech kleben bleibt. Sie kann von -70 bis +260 °C verwendet werden.

Himbeereisrolle

Für 12 bis 14 Stücke

Für den Biskuit: 4 Eier • 100 g Zucker 120 g Mehl • 1 TL Backpulver
Für Eisfüllung und Verzierung: 250 g Sahne • 2 EL Zucker • 300 g tiefgekühlte Himbeeren

1 Siehe oben (Stracciatellarolle)

2 Mehl und Backpulver zur Schaummasse sieben und unterheben. Den Teig auf dem Blech glatt streichen. In der Ofenmitte 8 bis 10 Minuten backen. Die Biskuitplatte kurz ruhen lassen, mit dem Papier aufrollen.

3 Sahne mit Zucker steif schlagen. 50 Gramm Sahne für die Verzierung in einen Spritzbeutel mit Sterntülle geben. 12 bis 14 Beeren beiseite legen. Die restlichen Beeren mixen und unter die übrige Sahne heben.

4 Den Biskuit auseinanderrollen, mit Himbeereis bestreichen, etwas von dem Papier lösen, wieder aufrollen und das Papier dabei Stück für Stück abziehen. Rolle verzieren.

TIPP

Zum glatten Aufschneiden von Eistorten empfiehlt sich immer, ein scharfes Messer vorher in heißes Wasser zu tauchen.

Festtagstorten

Herztorte

TIPP

Heidelbeerwein erhalten Sie im Reformhaus oder oft auch in Obstplantagen und Baumschulen, die Heidelbeeren anbauen.

TIPP

Metallisch glänzende Zuckerperlen sind ein wunderschöner Blickfang auf jeder Festtagstorte und verleihen ihr einen ganz besonders edlen Touch.

Für den Biskuitboden: 4 Eier
80 g Zucker • 1 Päckchen Vanillezucker
100 g Mehl • 50 g Speisestärke
1 Päckchen Backpulver
Für die Cremefüllung: 200 g weiße Schokolade • 400 g Sahne • 6 Blatt weiße Gelatine • 80 g Zucker • 500 g Quark (20 % Fett) • 700 g Heidelbeeren
Für den Überzug: 1–2 EL Zucker
1 Päckchen Tortengusspulver, klar
250 ml Heidelbeerwein
Für die Verzierung: 100 g weiße Schokolade • 200 g Sahne • 1 Päckchen Sahnesteif • 1 EL Zucker • Marzipanrosen (36 mm ø) • Silberne Zuckerperlen

1 Den Backofen auf 180–200 °C (Umluft 160–180 °, Gas Stufe 2–3) vorheizen. Ein Backblech mit Backpapier auslegen und einen Herzbackrahmen aufsetzen.

2 Die Eier in einer Schüssel aufschlagen und mit einem Handrührgerät auf höchster Stufe in 3 bis 5 Minuten schaumig rühren. Weiter rühren und Zucker und Vanillezucker löffelweise dazugeben. Weitere 3 bis 5 Minuten rühren, bis eine feine Eischaummasse entsteht. Das Mehl, die Speisestärke und das Backpulver mischen, sieben und sorgfältig unter die Schaummasse heben. Den Teig gleichmäßig in der Backform verteilen, mit einer Palette oder einem Messer glatt streichen und auf der mittleren Schiebeleiste des Backofens 30 bis 35 Minuten backen.

3 Für die Cremefüllung die Schokolade grob zerkleinern und in einer Metallschüssel zusammen mit 100 Gramm Sahne im Wasserbad bei etwa 50 °C unter Rühren auflösen und etwas abkühlen lassen.

4 Gelatineblätter in kaltem Wasser 5 bis 10 Minuten quellen lassen. Die restliche Sahne steif schlagen und unter die Schokosahne rühren. Zucker und Quark zur Schokosahne geben und ebenfalls unterrühren. 400 Gramm dieser Quarkmasse für den späteren Überzug beiseitestellen.

5 Heidelbeeren in einem Sieb unter fließendem Wasser kurz abbrausen, gut abtropfen lassen und gegebenenfalls mit Haushaltspapier trocken tupfen. Gelatine aus dem Wasser nehmen, ausdrücken und in einem Topf bei geringer Hitze auflösen. 3 bis 4 Esslöffel der übrigen Quarkmasse zur Gelatine geben und verrühren. Nun die Gelatine unter Rühren langsam zur Quarkmasse geben, die Beeren dazugeben und unterheben.

6 Den Biskuit zweimal quer durchschneiden. Eine Gebäcklage auf eine Platte legen und mit dem Herzrahmen umschließen. Die Hälfte der Cremefüllung gleichmäßig auf der Gebäcklage verteilen. Nun die mittlere Gebäcklage einlegen, die restliche Creme auftragen und mit der oberen Gebäcklage abschließen. Diese Grundtorte abgedeckt mindestens 4 bis 5 Stunden kühl stellen.

7 Für den Überzug den Zucker mit dem Tortengusspulver mischen und in etwas Heidelbeerwein auflösen. Den restlichen Wein in einem Topf erhitzen, unter Rühren das aufgelöste Tortengusspulver dazugießen, kurz auf-

kochen lassen, dann den Topf vom Herd nehmen. Diese Masse unter Rühren langsam zur übrigen, beiseite gestellten Quarkmasse geben und zu einer glatten Überzugscreme verrühren. Die Creme mithilfe einer Palette oder eines breiten Messers auf die Torte und auch auf den Rand der Torte streichen und glätten.

8 Für die abschließende Verzierung von der weißen Schokolade mit einem scharfen Messer oder Sparschäler feine Locken abschneiden. Diese mithilfe einer Palette auf den Tortenrand ziehen. Die Sahne mit dem Sahnesteif und dem Zucker steif schlagen, in einen Spritzbeutel geben. Dekorative Rosetten auf die Torte spritzen und sorgfältig mit Marzipanrosen und Zuckerperlen verzieren.

INFO

So können Sie die Marzipanrosen selbst herstellen: Ziehen Sie Einmalhandschuhe an und verkneten Sie das Marzipan mit etwas Lebensmittelfarbe. Kleine Kugeln formen und abdecken. Die Marzipankugeln in der Handfläche oder mit dem Handballen platt drücken, in der Mitte dicker lassen und nach außen hin dünner formen. Das erste Blatt vorsichtig aufrollen. Jedes folgende Blatt immer über das andere setzen und nur unten andrücken. So entsteht eine schöne Blüte.

TIPP

Für die Marzipanrosen benötigen Sie 20 bis 30 g Modelliermarzipan pro Rose und etwas Lebensmittelfarbe (am besten Pulver).

Muttertagstorte

Für den Biskuitboden: 2 Eier
60 g Rohrzucker • 40 g Mehl
40 g Speisestärke • 1 TL Backpulver
Für die Cremefüllung: 700 g Himbeeren
8 Blatt weiße Gelatine • 300 g Joghurt
50 g Zucker • 1 Päckchen Vanillezucker
200 g Sahne
Für die Verzierung: 100 g Sahne
1/2 Päckchen Sahnesteif

1 Den Backofen auf 200 °C (Umluft 180 °C, Gas Stufe 3) vorheizen. Ein Backblech mit Backpapier auslegen und einen Tortenherzrahmen aufsetzen.

2 Die Eier in einer tiefen Schüssel aufschlagen und mit dem Handrührgerät auf der höchsten Stufe in 3 bis 5 Minuten schaumig rühren, Zucker einrieseln lassen und in weiteren 3 bis 5 Minuten zu einer feinen Schaummasse rühren.

3 Das Mehl mit der Speisestärke und dem Backpulver mischen und sieben. Die Mehlmischung anschließend zum Eischaum geben und zügig unterheben. Den Teig in den Backrahmen geben und gleichmäßig verteilen. Auf der mittleren Schiebeleiste des Backofens 15 bis 18 Minuten backen. Den fertig gebackenen Biskuit in der Form abkühlen lassen.

4 Die Gelatine in kaltem Wasser 5 bis 10 Minuten quellen lassen. 100 Gramm besonders schöne Himbeeren für die Verzierung beiseite legen. Die restlichen Beeren mixen. Die Hälfte der Fruchtmischung mit Joghurt, Zucker und Vanillezucker zu einer glatten Creme verrühren.

5 Die Gelatine aus dem Wasser nehmen, etwas ausdrücken, mit der restlichen Fruchtmischung in einem Topf bei mittlerer Hitze auflösen. Sie darf jedoch nicht kochen! 4 bis 5 Esslöffel der Creme zur aufgelösten Gelatine geben und verrühren, dann die Gelatine unter Rühren zur Creme geben. Die Creme abgedeckt kühl stellen. Die Sahne steif schlagen. Sobald die Creme fest zu werden beginnt, die Sahne unter die Creme heben. Die Creme auf den Biskuitboden geben und glatt streichen. Abdecken und 5 bis 6 Stunden oder am besten über Nacht kühl stellen.

6 Sahne mit Sahnesteif steif schlagen und in einen Spritzbeutel geben. Die Torte mit aufgespritzter Sahne und Himbeeren verzieren.

VARIANTE

Und so wird es gemacht: Heidelbeeren waschen und abtropfen lassen. 6 Esslöffel Sahne für die Verzierung in einen Spritzbeutel geben. Die restliche Sahne unter den Quark heben. Das Tortengusspulver mit dem Zucker vermischen, mit dem Saft glatt rühren, in einem Topf unter ständigem Rühren kurz aufkochen lassen und vom Herd nehmen. Die Masse unter Rühren abkühlen lassen. Sobald die Masse fest wird, diese zur Quarkcreme geben und rühren, bis sie eine gleichmäßige Färbung angenommen hat. Die Creme auf das Biskuit streichen, mit einer Palette glätten und mit der übrigen Sahne, der geraspelten Schokolade und den Beeren verzieren.

TIPP

Mit Heidelbeeren statt Himbeeren können Sie ein schönes Muttertagsherz in Violett gestalten.

TIPP

Für das violette Muttertagsherz (→ Variante) benötigen Sie 250 g steif geschlagene Sahne, 250 g Quark, 1 Päckchen Tortenguss, 4 EL Zucker, 200 ml Heidelbeersaft, 100 g geraspelte weiße Schokolade, Sahne und 4 bis 5 EL Heidelbeeren.

Geburtstagstorte

TIPP

Smoother nennt man in der Fachsprache eine praktische Glättekelle aus Kunststoff, die sich hervorragend für Marzipan- und Fondantüberzüge eignet.

TIPP

Für einen runden Geburtstag oder kleine und große Leckermäuler, denen man zu ihrem Ehrentag etwas besonders Gutes tun möchte, ist die Geburtstagstorte ein wunderschönes Geschenk.

Für den Biskuitboden: 8 Eier
250 g Zucker • 1 Päckchen Vanillezucker
Saft von 1 unbehandelten Mandarine
(ca. 50 ml) • 250 g Mehl
30 g Speisestärke • 2 EL Backpulver
100 g gemahlene Mandeln
Für die Füllung: 500 ml frische Milch
1 $1/_2$ Päckchen • Vanillepuddingpulver
100 g Zucker • 2 Eigelb • 100 g Zucker
250 g Frischkäse • 400 g Aprikosenkonfitüre oder Preiselbeerkompott
Für die Verzierung: 400 g Marzipandecke und Lebensmittelfarbe (rosé) oder Fondantmodelliermasse (rosé) • Weiße Kerzen • 8 Marzipanrosen (rosé, ø 24 mm)
Zuckerblümchen farbig sortiert, ø 13 mm
Silberperlen, groß • Essbares Schimmerstreu Gold • Je 1,5 m weißes Satin- und Tüllband, 40 mm breit

1 Den Backofen auf 180 °C (Umluft 160 °C, Gas Stufe 2) vorheizen. Den Boden einer Springbackform fetten.

2 Die Eier in einer Schüssel aufschlagen und mit dem Handrührgerät auf höchster Stufe in 3 bis 5 Minuten schaumig rühren. Weiter rühren, Zucker und Vanillezucker löffelweise dazugeben. Nochmals 3 bis 5 Minuten zu einer feinen Schaummasse rühren. Den Mandarinensaft dazugeben und verrühren. Mehl, Speisestärke und Backpulver mischen und sieben. Die gemahlenen Mandeln mit der Mehlmischung vermengen und unter die Eischaummasse heben.

3 Die Teigmasse gleichmäßig in der Backform verteilen und glatt streichen. Auf der mittleren Schiebeleiste des Backofens 35 bis 40 Minuten backen. Den fertigen Biskuit in der Backform abkühlen lassen, vorsichtig aus der Form nehmen und auf einem Kuchengitter auskühlen lassen.

4 Den Biskuit zweimal quer durchschneiden. Aus der Milch, dem Puddingpulver und 3 Esslöffel Zucker nach Packungsanleitung einen Pudding zubereiten. Die Eigelbe mit einem Schneebesen zügig unter den noch heißen Pudding rühren. Den Pudding abkühlen lassen und sorgfältig mit dem Frischkäse und dem restlichen Zucker zu einer glatten Creme verrühren.

5 Eine Biskuitplatte auf eine Platte legen und mit einem Tortenring fest umschließen. Die Hälfte der Aprikosenkonfitüre sowie der Creme auftragen. Anschließend die nächste Biskuitplatte auflegen. Nochmals Konfitüre und Creme auftragen und die Geburtstagstorte mit der oberen Biskuitplatte abschließen. Die Torte abgedeckt 30 Minuten kühl stellen.

6 Die rosafarbene Modelliermasse zwischen 2 Lagen Frischhaltefolie 2 bis 3 Millimeter dick ausrollen oder die Marzipandecke verwenden. Die ausgerollte Modelliermasse über die Torte legen, leicht andrücken und mit dem Smoother glätten. Überstehendes abschneiden. Haben Sie weiße Masse verwendet, bestreichen Sie sie mit rosa Lebensmittelfarbe.

7 Die Torte mit Kerzen, Marzipanrosen und dem weiteren Dekomaterial verzieren. Band um die Torte legen und zu einer Schleife binden.

Erdbeersahnetorte

TIPP

Haselnusskrokant wird aus karamellisiertem Zucker und Nüssen hergestellt und als Streusel fertig angeboten.

TIPP

Die bittersüßen, frisch nach Zitrone schmeckenden Blätter der Zitronenmelisse eignen sich nicht nur zum Verfeinern von Süßspeisen, sondern auch als Gewürzkraut im Salat oder als Tee.

Für den Biskuitboden: 4 Eier • 120 g Zucker • Abgeriebene Schale von 1 unbehandelten Zitrone • 100 g Mehl • 60 g Speisestärke • 1 TL Backpulver
Für die Creme: 200 g Erdbeeren 50 g Rohrzucker • 1 Päckchen Vanillezucker • 1 EL Kirschwasser 5 Blatt Gelatine • 3 EL Orangensaft 500 g Sahne • 2 Päckchen Sahnesteif
Für die Verzierung: Einige schöne Erdbeeren • Einige Blätter Zitronenmelisse oder Minzeblättchen • Haselnusskrokant zum Bestreuen

1 Den Backofen auf 200 °C (Umluft 180°C, Gas Stufe 3) vorheizen. Den Boden einer Springbackform mit Butter oder Margarine fetten.

2 Die Eier in einer Schüssel aufschlagen und mit dem Rührgerät auf der höchsten Stufe schaumig rühren. Dabei den Zucker nach und nach einrieseln lassen, die Zitronenschale und 2 Esslöffel heißes Wasser dazugeben und weitere 3 bis 5 Minuten rühren.

3 Mehl, Speistärke und Backpulver mischen, sieben, zur Eischaummasse geben und zügig unterheben. Den Teig in die Form geben und glätten. Den Biskuit auf der mittleren Schiebeleiste im Backofen 20 bis 25 Minuten backen.

4 Den fertigen Biskuit in der Backform auskühlen lassen, vorsichtig aus der Form lösen und auf ein Kuchengitter legen. Den Biskuit mit einem großen Messer zweimal quer durchschneiden. Den ersten Boden vorsichtig auf eine Platte legen und mit einem Tortenring fest umschließen.

5 Erdbeeren verlesen, waschen und von den Stielansätzen befreien. 200 Gramm Erdbeeren durch ein Sieb passieren und sorgfältig mit Zucker, Vanillezucker und dem Kirschwasser verrühren.

6 Die Gelatine in etwas kaltem Wasser 5 bis 10 Minuten quellen lassen. Aus dem Wasser nehmen, leicht ausdrücken und in einem Topf bei geringer Hitze auflösen.

7 4 bis 5 Esslöffel der Erdbeermischung zur Gelatine geben und verrühren. Dann die Gelatine unter Rühren zur Erdbeermischung geben. Sahne mit Sahnesteif sehr steif schlagen und sofort unter die Creme ziehen.

8 Ein Drittel der Erdbeersahnecreme auf den Biskuitboden streichen. Den zweiten Biskuitboden auflegen und das zweite Drittel der Sahnecreme aufstreichen.

9 Den dritten Boden darüberlegen und die übrige Creme gleichmäßig mit einer Palette oder einem flachen Messer auf die Torte und um den Tortenrand streichen.

10 Die Torte mit einigen Erdbeerhälften mit Stielansätzen und Haselnusskrokant verzieren. Selbstverständlich können Sie die grünen Stielenden vorher auch entfernen. Abgedeckt über Nacht kalt stellen und servieren.

Apfelquarkcharlotte

TIPP

Die Charlotte ist ein etwas aufwendiges Gebäck und wird in einer halbrunden Form zubereitet. Diese wird mit Backwerk ausgekleidet, gefüllt und später gestürzt.

TIPP

Eine spezielle Charlottenform erhalten Sie mit oder ohne Deckel im Fachhandel.

Für Biskuitboden und Biskuitrolle:
5 Eier • 120 g Zucker • 80 g Mehl
60 g Speisestärke • 2 TL Backpulver
Für die Rollenfüllung: 100 g Quittengelee
Für die Cremefüllung: 7 Blatt weiße Gelatine • 400 g Quark • 500 g Apfelmus
80 g Zucker • 8 EL Apfelsaft • Etwas Zimt
2 Päckchen Vanillezucker • 150 g Sahne
Für die Verzierung: 1 Apfel
100 g Sahne • 1/2 Päckchen Sahnesteif

1 Den Backofen auf 220–240 °C (Umluft 190–200 °C, Gas Stufe 4–5) vorheizen. Den Boden einer Springbackform fetten und ein Backblech mit Backpapier auslegen.

2 Die Eier mit dem Handrührgerät in 3 bis 5 Minuten schaumig rühren, den Zucker einrieseln lassen und weitere 3 bis 5 Minuten rühren.

3 Mehl, Speisestärke und Backpulver mischen und sieben, zur Eischaummasse geben und zügig unterheben. Die Teigmasse 1 Zentimeter dick in die Backform und auf das Backblech streichen. Auf der mittleren Schiebeleiste des Backofens jeweils 8 bis 10 Minuten nacheinander backen (bei Umluftbetrieb kann gleichzeitig gebacken werden). Den runden Biskuit in der Form abkühlen lassen. Die Biskuitplatte kurz ruhen lassen, vom Backblech nehmen und mit dem Backpapier aufrollen und abkühlen lassen.

4 Eine Schüssel möglichst faltenfrei mit Frischhaltefolie auslegen. Die Biskuitrolle auseinanderrollen und mit Quittengelee bestreichen. Das Backpapier etwas vom Biskuitrand lösen, den Biskuit wieder aufrollen und das Papier nach und nach abziehen. Die Rolle in ein bis eineinhalb Zentimeter dicke Scheiben schneiden. Die Schüssel mit den Rollenscheiben eng anliegend auslegen.

5 Die Gelatine in kaltem Wasser 5 bis 10 Minuten quellen lassen. Den Quark mit dem Apfelmus und dem Zucker verrühren.

6 Die Gelatine aus dem Wasser nehmen, etwas ausdrücken, in einem Topf mit Apfelsaft und etwas Zimt und Vanillezucker bei geringer Hitze auflösen. 4 bis 5 Esslöffel der Quarkmasse zur Gelatine geben und verrühren. Dann die Gelatine unter Rühren langsam zur Quarkmasse geben. Abgedeckt kühl stellen.

7 Die Sahne steif schlagen. Sobald die Quarkmasse fest zu werden beginnt, die Sahne dazugeben und unterheben. Die Masse in die Schüssel geben und glatt streichen. Die runde Biskuitplatte aus der Form schneiden und auf die Creme legen. (Gegebenenfalls zurechtschneiden, falls der Biskuit zu groß ist. Sie soll mit den seitlichen Rollenscheiben auf gleicher Höhe abschließen.) Nochmals abgedeckt 4 bis 6 Stunden oder über Nacht kühl stellen.

8 Für die Verzierung die Sahne mit etwas Sahnesteif steif schlagen und in einen Spritzbeutel geben. Den Apfel in Scheiben oder Stücke schneiden und die Charlotte mit Sahnetupfen oder -rosetten und Apfelstückchen verzieren.

Erdbeer-Pistazien-Torte

Für den Biskuitboden: 3 Eier
1 Prise Salz • 90 g Zucker • 90 g Mehl
1 TL Backpulver
Für den Belag: 30 g Pistazien
75 g Puderzucker • 75 g Marzipan-Rohmasse • 4–5 EL Quittengelee
Für die Cremefüllung: 750 g Erdbeeren
8 Blatt weiße Gelatine • 500 g Joghurt
150 g Zucker • 2 Päckchen Vanillezucker
Saft von 1 Zitrone • 3 EL Kokoslikör
200 g Sahne
Für die Verzierung: 250 g Sahne
1 Päckchen Sahnesteif • Erdbeeren

1 Den Backofen auf 200 °C (Umluft 180 °C, Gas Stufe 3) vorheizen. Den Boden einer Springbackform fetten. Die Eier in einer Schüssel aufschlagen und mit dem Handrührgerät in 3 bis 5 Minuten schaumig rühren. Weiter rühren, Salz und Zucker einrieseln lassen und in weiteren 3 bis 5 Minuten zu einer feinen Schaummasse rühren. Mehl und Backpulver mischen und sieben. Die Mehlmischung zur Eischaummasse geben und zügig unterheben. Die Teigmasse in die Backform geben und glatt streichen. Auf der mittleren Schiebeleiste des Backofens 20 bis 25 Minuten backen. Den fertig gebackenen Biskuitboden in der Backform abkühlen lassen, dann vorsichtig aus der Form heben und auf ein Kuchengitter legen.

2 Die Pistazien fein mahlen. Den Puderzucker sieben und mit den gemahlenen Pistazien und dem Marzipan verkneten. Die Marzipanmasse zwischen zwei Lagen Frischhaltefolie zu zwei runden Platten von je 24 bis 26 Zentimeter Durchmesser ausrollen. Den Biskuit quer durchschneiden. Das Gelee in einem Topf erwärmen und auf beide Biskuitböden streichen. Die Marzipanlagen auf die Biskuits legen. Einen Biskuitboden auf eine Platte legen und mit einem Tortenring fest umschließen.

3 Die Erdbeeren waschen und in einem Sieb abtropfen lassen. Die Hälfte der Erdbeeren für die Verzierung beiseite legen. Die Blütenansätze der Erdbeeren entfernen. Die Erdbeeren klein schneiden. Die Gelatine in kaltem Wasser 5 bis 10 Minuten quellen lassen. In einer Schüssel Joghurt, Zucker, Vanillezucker, Zitronensaft und Likör zu einer Creme verrühren. Die Gelatine aus dem Wasser nehmen, etwas ausdrücken, in einem Topf bei geringer Hitze auflösen und vom Herd nehmen. 3 bis 4 Esslöffel Creme zur Gelatine geben und verrühren. Dann die Gelatine unter Rühren langsam zur Creme geben. Abdecken und kühl stellen. Die Sahne steif schlagen. Beginnt die Creme fest zu werden, Sahne und Erdbeerstückchen unterheben. Die Creme auf den ersten Biskuitboden geben, glatt streichen und den zweiten Biskuitboden aufsetzen. Abdecken und 4 bis 6 Stunden, besser über Nacht, kalt stellen.

4 Den Tortenring vorsichtig lösen. Für die Verzierung die übrigen Erdbeeren halbieren oder in nicht zu dünne Scheibchen schneiden. Die Sahne mit dem Sahnesteif steif schlagen. Die Torte dünn mit Sahne überziehen. Die restliche Sahne in einen Spritzbeutel geben und Rosetten oder dicke Tupfen auf die Torte spritzen. Mit den Erdbeeren verzieren.

TIPP

Diese Torte ist ein wunderbares jahreszeitengemäßes Gebäck im Frühsommer und ein Schmuck für jede Kaffeetafel.

TIPP

Kokoslikör schmeckt nicht nur als fruchtig-exotische Backzutat, sondern auch pur oder in einem sommerlichen Cocktail.

Himmelfahrtstorte

TIPP

Waldmeister wächst im Schatten und gedeiht gut unter Gehölzen. Der typische Duft des frischen Waldmeisters stammt von seinem Inhaltsstoff Cumarin.

Für den Weinsirup: 15 Stängel frischer Waldmeister (Erntezeit Mai-Juni)
250 ml Weißwein oder Apfelsaft
120 g Zucker
Für den Biskuitboden: 3 Eier
1 Prise Salz • 75 g Zucker • 70 g Mehl
$^1/_2$ TL Backpulver • 30 g gemahlene Mandeln
Zum Tränken: 100 ml Zitronenlikör
Für die Cremefüllung: 3 Eier • 8 Blatt weiße Gelatine • 100 ml Milch
50 ml Waldmeistersirup • 300 g Quark (20 % Fett) • 60 ml Zitronensaft
Einige Tropfen grüne Lebensmittelfarbe
300 g Sahne • 1 Prise Salz • 30 g Zucker
Für die Verzierung: 2 Blatt weiße Gelatine • 2 EL Waldmeistersirup
2 EL Zitronenlikör • 100 g Sahne
50 g Mandelblättchen

1 Die oberen Enden der Waldmeisterstängel nach der zweiten Blätterreihe abschneiden und bereit legen (das untere, unbrauchbare Kraut wegwerfen). Weißwein und Zucker in einen Topf geben, zum Kochen bringen und rühren, bis sich der Zucker aufgelöst hat, dann den Topf vom Herd nehmen. Die Waldmeisterstängel dazugeben und etwa 30 Minuten ziehen lassen, dann diesen Sirup durch ein Sieb abgießen.

2 Den Backofen auf 200 °C (Umluft 180 °C, Gas Stufe 3) vorheizen. Den Boden einer Springbackform fetten. Die Eier in einer Schüssel aufschlagen und mit dem Handrührgerät in 3 bis 5 Minuten schaumig rühren. Weiter rühren, Salz und Zucker einrieseln lassen und in weiteren 3 bis 5 Minuten zu einer feinen Schaummasse rühren. Mehl und Backpulver mischen und sieben. Die Mehlmischung mit den gemahlenen Mandeln vermischen, zur Eischaummasse geben und zügig unterheben. Die Teigmasse in die Backform geben und glatt streichen. Auf der mittleren Schiebeleiste des Backofens 20 bis 25 Minuten backen. Den fertigen Biskuitboden in der Backform abkühlen lassen, dann vorsichtig aus der Form heben und auf ein Kuchengitter legen. Das Biskuit quer durchschneiden, einen Biskuitboden auf eine Platte legen, mit dem Zitronenlikör beträufeln und mit einem Tortenring fest umschließen.

3 Die Eier trennen. Die Eigelbe in eine Metallschüssel geben. Die Gelatine in kaltem Wasser 5 bis 10 Minuten quellen lassen. In einem Topf die Milch zum Kochen bringen. Die Milch unter Rühren sehr langsam zu den Eigelben gießen, im Wasserbad bei siedendem Wasser weiter rühren bis die Masse etwas eindickt. Die Gelatine aus dem Wasser nehmen, etwas ausdrücken und in der Milchmasse verrühren. Schüssel aus dem Wasserbad nehmen.

4 125 Milliliter des Weinsirups, den Waldmeistersirup, den Quark, den Zitronensaft und nach Belieben einige Tropfen grüne Speisefarbe verrühren und unter die Milchmasse rühren. Die Quarksirupmischung abdecken und kühl stellen. Die Sahne steif schlagen. Die Eiweiße mit dem Salz steif schlagen, weiter rühren und den Zucker einrieseln lassen. Sobald die Quarkmasse fest zu werden beginnt, die Sahne und den Eischnee

TIPP

Achten Sie beim Kauf von Lebensmittelfarbe auf den Zusatz »Natürliche Lebensmittelfarbe«. Sie ist in der Apotheke erhältlich. Andere Farben können Allergien auslösen oder verstärken.

unterheben. Die Hälfte der Cremement auf dem ersten Biskuitboden verteilen und glatt streichen. Den zweiten Biskuitboden einlegen, die restliche Creme auftragen und ebenfalls glatt streichen. Die Torte abdecken und 4 bis 6 Stunden kalt stellen.

5 Die Gelatine für den Guss in kaltem Wasser 5 bis 10 Minuten quellen lassen. Den Waldmeistersirup und den Zitronenlikör in einem Topf erhitzen und vom Herd nehmen. Die Gelatine aus dem Wasser nehmen, etwas ausdrücken, zum Sirup geben und verrühren. Die Gussmasse auf der Torte verteilen, nochmals abdecken und 30 Minuten kalt stellen.

6 Die Sahne steif schlagen und mit den Mandelblättchen vermischen. Tortenring ablösen und Sahne auf den Tortenrand streichen.

INFO

Mit Christi Himmelfahrt wird der christliche Glaube an die Rückkehr des Jesus von Nazareth nach seiner Auferstehung als Sohn Gottes zu seinem Vater im Himmel bezeichnet. Zugleich ist dies ein katholisches Hochfest bzw. ein christlicher Feiertag. Christi Himmelfahrt wird jedes Jahr am 40. Tag nach dem Ostersonntag begangen, wobei bei dieser Zählung der Ostersonntag und der Himmelfahrtstag jeweils mitgezählt werden. Aus diesem Grund fällt das Fest zum Frühlingsende oder Frühsommerbeginn immer auf einen Donnerstag.

TIPP

Lebensmittelfarbe mit dem Zusatz E140 ist natürlich (Chlorophylle a und b). Sie färbt grün und enthält ausschließlich natürliche Farbstoffe des Blattgrüns.

Sommerfesttorte

TIPP

Für eine bunte Verzierung mit selbst gemachten Schmetterlingen (→ Info) brauchen Sie: 150 g Marzipanrohmasse, 80 bis 100 g gesiebten Puderzucker, 12 feine Fruchtfleischspalten von $1/2$ Kiwi, 24 schmale Schalenstreifen einer unbehandelten Limette und 3 bis 4 sehr kleine Erdbeeren.

TIPP

Wenn Sie frische Mandarinen verwenden möchten, sollten Sie diese vor der Weiterverarbeitung filieren. Praktischer sind in diesem Fall ungesüßte Dosenmandarinen.

Für den Biskuitboden: 4 Eier
100 g Zucker • 1 Päckchen Vanillezucker
80 g Mehl • 40 g Speisestärke
1 TL Backpulver
Für Cremefüllung und Verzierung:
3 Dosen Mandarinen (à 175 g Abtropfgewicht) • 6 Blatt weiße Gelatine
60 g Puderzucker • 2 Päckchen Vanillezucker • 250 g Magerquark
200 g Joghurt • 500 g Sahne
1–2 EL Puderzucker

1 Den Backofen auf 200 °C (Umluft 180 °C, Gas Stufe 3) vorheizen. Den Boden einer Springbackform fetten.

2 Die Eier in einer Schüssel aufschlagen und mit dem Handrührgerät in 3 bis 5 Minuten schaumig rühren. Weiter rühren, Zucker und Vanillezucker einrieseln lassen und in weiteren 3 bis 5 Minuten zu einer feinen Schaummasse rühren. Mehl, Speisestärke und Backpulver mischen, sieben, zur Eischaummasse geben und zügig unterheben. Die Teigmasse in die Backform geben und glatt streichen. Gleich auf der mittleren Schiebeleiste des Backofens 25 bis 30 Minuten backen. Den fertig gebackenen Biskuitboden in der Backform abkühlen lassen, dann vorsichtig aus der Backform heben und auf ein Kuchengitter legen.

3 Mandarinen in einem Sieb abtropfen lassen. Gelatine in kaltem Wasser 5 bis 10 Minuten quellen lassen. Puderzucker in eine Schüssel sieben und mit Vanillezucker, Quark und Joghurt zu einer Creme verrühren. Gelatine aus dem Wasser nehmen, etwas ausdrücken, in einem Topf bei geringer Hitze auflösen und vom Herd nehmen. 4 bis 5 Esslöffel Creme zur Gelatine geben und verrühren, dann die Gelatine unter Rühren zur Creme geben. Abdecken und kalt stellen. Die Sahne steif schlagen. 3 bis 4 Esslöffel Sahne in einen Spritzbeutel geben und kalt stellen. Sobald die Creme fest wird, die restliche Sahne darunter heben.

4 Den Biskuit quer durchschneiden. Einen Boden auf eine Platte legen und mit einem Tortenring fest umschließen. 14 bis 16 Mandarinenstückchen für die Verzierung beiseite legen. Die restlichen Mandarinen auf dem Biskuit verteilen. Die Creme auf die Mandarinen geben und glatt streichen. Zweiten Biskuitboden auflegen, die Torte abgedeckt über Nacht kalt stellen.

5 Den Tortenring lösen. Etwas Puderzucker über die Torte sieben. Sahnerosetten aufspritzen und mit Mandarinenstückchen verzieren.

INFO

So wird es gemacht: Die Marzipanrohmasse mit dem Puderzucker verkneten und zwischen 2 Lagen Frischhaltefolie etwa 2 Millimeter dick ausrollen. 24 Herzen ausstechen und die Spitzen abschneiden. Die Torte ungeglättet mit Sahne überziehen. Je 2 gegenüberliegende Marzipanherzen auf der Torte anordnen. Die Kiwispalten als Körper zwischen den Flügeln platzieren, die Limettenstreifen als Fühler. Die Erdbeeren in feine Scheibchen schneiden und auf die Flügel legen.

Pfirsichkäsetorte

TIPP

Formen Sie aus Aprikosenspalten und Pistazienkernen Sonnenblumen und verzieren Sie Ihre Torte damit. Mit einem klaren Tortenguss unter Zugabe von Aprikosensaft wird ein Augenschmaus daraus.

TIPP

Wer Käsekuchen liebt, wird bei dieser fruchtigen Festtagstorte jubeln. Anstatt der edlen Weinbergpfirsiche können Sie selbstverständlich auch andere Kulturpfirsiche verwenden. Diese sollten Sie allerdings vor der Verarbeitung häuten.

Für den Tortenboden: 125 g Butterkekse • 60 g weiche Butter • Butter oder Margarine zum Fetten
Für die Quarkmasse: 1 unbehandelte Zitrone • 4 Eier • 100 g Zucker • 1 Päckchen Vanillezucker • 400 g Magerquark 250 g Mascarpone • 1/2 Päckchen Vanillepuddingpulver
Für die Verzierung: 50 g Mandelblättchen • 400 g Weinbergpfirsiche • 1 Päckchen Tortenguss, klar • 1 EL Zucker 250 ml weißer Traubensaft • 3 EL Aprikosenkonfitüre

1 Eine Springbackform mit Butter oder Margarine fetten. Die Butterkekse in einen Gefrierbeutel geben und mit dem Nudelholz zerkleinern. Die Keksbrösel in einer Schüssel mit der sehr weichen Butter vermengen, in die Backform geben, glatt streichen und andrücken. Den Teig abdecken und kalt stellen.

2 Den Backofen auf 180 °C (Umluft 160 °C, Gas Stufe 2) vorheizen. Die Zitrone heiß waschen und trocken tupfen. Die Schale fein abreiben und den Saft auspressen. Die Eier in einer Schüssel aufschlagen und mit dem Handrührgerät auf höchster Stufe in 3 bis 5 Minuten schaumig rühren. Weiter rühren, Zucker und Vanillezucker einrieseln lassen und in weiteren 3 bis 5 Minuten zu einer feinen Schaummasse rühren. In einer anderen Schüssel den Quark, den Mascarpone, das Puddingpulver, die Zitronenschale und den -saft zu einer glatten Creme verrühren. Die Creme zur Eischaummasse geben und unterheben. Die Eischaumcreme in die Backform geben und glatt streichen. Die Pfirsichkäsetorte auf der mittleren Schiebeleiste des Backofens 55 bis 60 Minuten backen. Den Backofen abschalten, das Gebäck noch einige Minuten im Backofen ruhen lassen und dann in der Backform auf einem Kuchengitter einige Minuten abkühlen lassen.

3 In einer beschichteten Pfanne ohne Fett die Mandeln bei mittlerer Hitze leicht rösten und die Pfanne anschließend sofort vom Herd nehmen. Die Mandelblättchen einige Male wenden, damit sie nicht nachträglich anbrennen, und für die Verzierung beiseite stellen.

4 Das Gebäck vorsichtig aus der Form lösen und auf eine Platte legen. Die Weinbergpfirsiche waschen, trocken tupfen, halbieren und die Kerne entfernen. Das Fruchtfleisch in dünne Spalten schneiden und dachziegelartig von außen nach innen auf dem Gebäck verteilen.

5 Das Tortengusspulver und den Zucker vermischen und in etwas Traubensaft auflösen. Den restlichen Saft in einem Topf zum Kochen bringen und das aufgelöste Tortengusspulver unter Rühren dazugießen. Die Tortengussmasse nochmals kurz aufkochen lassen und den Topf anschließend sofort vom Herd nehmen. Die heiße Gussmasse von der Mitte aus über die Früchte verteilen und mithilfe einer Palette glätten. Die Konfitüre im Topf erwärmen, den Rand der Torte mit der Konfitüre bestreichen und sofort die gerösteten Mandelblättchen andrücken.

Festliche Maracujacremetorte

TIPP

Der Mürbeteig muss wirklich rasch und genau nach Anleitung verarbeitet werden. Werden die Zutaten zu warm, reißt der Teig beim Ausrollen. Verbindet sich das Mehl mit Flüssigkeit, bevor es sich mit dem Fett verbunden hat, wird der Teig dagegen zäh.

TIPP

Für die interessante Musterung der Creme sorgt das Maracujafruchtfleisch, das mit einigen Kernen verarbeitet wird. Als Dekoration über dem orangefarbenen Guss macht sich Zitronenmelisse gut.

Für den Mürbeteigboden: 200 g Mehl
100 g Butter • 1 Prise Salz • 40 g Puderzucker • 1 Eigelb
Für die Creme: 5 Blatt weiße Gelatine
200 g Maracujafruchtfleisch
120 g Zucker • 60 ml trockener Weißwein
3 Eigelb • 300 g Sahne
Für den Guss: 5 Blatt weiße Gelatine
200 g Maracujafruchtfleisch • 225 g Rohrzucker • 150 ml trockener Weißwein

1 Das Mehl in eine Schüssel oder auf eine Unterlage sieben und in die Mitte eine Mulde drücken. Die Butter in Flöckchen und das Salz auf dem Mehlrand verteilen. Den Puderzucker über das Mehl sieben. Das Eigelb in die Mulde geben. Alles zügig zu einem Mürbeteig kneten, in Folie wickeln und etwa 1 Stunde kühl stellen.

2 Den Backofen auf 200 °C (Umluft 180 °C, Gas Stufe 3) vorheizen. Das Backblech mit Backpapier oder Dauerbackfolie auslegen. Einen rechteckigen Backrahmen von etwa 20 mal 25 Zentimeter auf das Backblech legen. Den Teig auf einer leicht bemehlten Unterlage auf die Backrahmengröße ausrollen und in den Backrahmen legen. Auf der mittleren Schiebeleiste 8 bis 10 Minuten backen. Die Gebäckplatte abkühlen lassen, auf eine Platte legen und mit dem gesäuberten Backrahmen wieder fest umschließen.

3 Die Gelatine in einem Gefäß mit etwas kaltem Wasser 5 bis 10 Minuten quellen lassen. In einem Topf das Maracujafruchtfleisch, den Zucker und den Wein zum Kochen bringen. Die Hitze reduzieren und köcheln lassen, bis die Masse auf etwa zwei Drittel der Menge eingekocht ist. Den Topf vom Herd nehmen, unter kräftigem Rühren ein Eigelb nach dem anderen dazugeben. Die Masse unter Rühren nochmals stark erhitzen – sie darf jedoch nicht kochen – und sofort vom Herd nehmen. Dann etwas abkühlen lassen. Die Gelatine aus dem Wasser nehmen, ausdrücken und zur noch heißen Masse geben, verrühren und abkühlen lassen. Die Sahne steif schlagen. Sobald die Masse fest zu werden beginnt, die Sahne unterheben. Die Creme auf der Bodenlage verteilen und glatt streichen. Abdecken und 4 bis 6 Stunden oder besser über Nacht kalt stellen.

4 Für den Guss die Gelatine in einem Gefäß in etwas kaltem Wasser 5 bis 10 Minuten quellen lassen. In einem Topf das andere Maracujafruchtfleisch, den Zucker und den Wein unter Rühren zum Kochen bringen. Den entstandenen Schaum mit einer Schaumkelle abschöpfen und alles 5 Minuten leicht köcheln lassen. Die Gussmasse anschließend durch ein Haarsieb gießen und etwas abkühlen lassen. Die Gelatine aus dem Wasser nehmen, etwas ausdrücken und mit der Gussmasse verrühren. Die Gussmasse auf der Cremeschicht verteilen. Nochmals abdecken und 1 bis 2 Stunden kalt stellen.

5 Vor dem Servieren den Backrahmen vorsichtig lösen.

Über dieses Buch

TIPP

Hinweis in eigener Sache:

Unsere Rezepte werden von erfahrenen Autoren kreiert und erprobt. Wir freuen uns jedoch über Anregungen, Tipps oder Kritik und helfen bei Fragen gerne weiter. Bitte wenden Sie sich an: Weltbild Buchverlag, Steinerne Furt 67, 86167 Augsburg, oder schicken Sie uns eine E-Mail an: Gabriele.Beck@weltbild.com

Die Autorin

Hanna Renz, Jahrgang 1967, hat sich in der traditionellen Dorfbackstube und später in ihrer Ausbildung jahrelang mit dem Backen beschäftigt. Ihre besondere Liebe gilt der Entwicklung kreativer Backideen. In ihrer Versuchsküche sind in den letzten Jahren viele neue Backrezepte entstanden. Hanna Renz ist verheiratet und Mutter von fünf Kindern.

Der Fotograf

Yves Hebinger erlernte nach einer Ausbildung zum Koch und Stationen als Küchenmeister und Foodstylist selbst das Fotografieren. Seine Firma FoodExpose setzt kulinarische Ideen vom Rezept bis hin zum fertigen Bild selbst um.

Bildnachweis

Alle Fotos FoodExpose, Bad Wörishofen, mit Ausnahme folgender Fotos: Helga Florian, Weiden (8/9, 33, 66/67, 99, 105, 107, 117), Karl Newedel, München (18/19, 21, 38/39, 49, 55, 80/81, 94/95, 97, 109, 113, 136/137), Ulrich Renz (59, 63, 65, 135), Wolfgang Feiler, Karlsruhe (11, 101), Peter Albrecht, Neusäß (2, 73, 145), Ulrike Schmidt, Alling (89). Das Rezept zum Umschlagfoto finden Sie auf Seite 51.

Haftungsausschluss

Die Inhalte dieses Buches sind sorgfältig recherchiert und erarbeitet worden. Dennoch kann weder die Autorin noch der Verlag für die Angaben in diesem Buch eine Haftung übernehmen.

Impressum

Weltbild Buchverlag
–Originalausgaben–

Projektleitung: Bettina Spangler
Umschlagfoto: FoodExpose
Yves Hebinger, Bad Wörishofen
Umschlaggestaltung:
X-Design, München
Innenlayout: X-Design, München
Satz/Layoutrealisation:
Dirk Risch, Berlin
Reproduktion:
Point of Media GmbH, Augsburg
Druck und Bindung: Offizin Andersen
Nexö Leipzig GmbH, Zwenkau

Gedruckt auf chlorfrei
gebleichtem Papier

Printed in the EU

ISBN 978-3-89897-888-0

Von A bis Z